Suhrkamp BasisBibliothek 62

Diese Ausgabe der »Suhrkamp BasisBibliothek – Arbeitstexte für Schule und Studium« bietet nicht nur Patrick Roths Christusnovelle *Riverside*, sondern auch einen Kommentar, der alle für das Verständnis des Buches erforderlichen Informationen enthält: eine Zeittafel zu Leben und Werk Roths, Selbstaussagen des Autors, ausführliche Hinweise zur Form, Struktur und Sprache dieser Novelle, die Rezeptionsgeschichte, eine kommentierte Auswahlbibliographie sowie Sprach- und Sacherläuterungen. Die Schreibweise des Kommentars entspricht den neuen Rechtschreibregeln.

Zu ausgesuchten Titeln der Suhrkamp BasisBibliothek erscheinen im Cornelsen Verlag Hörbücher und CD-ROMs. Weitere Informationen erhalten Sie unter www.cornelsen.de.

Grete Lübbe-Grothues, Germanistin, Unterrichtspraxis am Gymnasium, zahlreiche Publikationen über Goethe, Hölderlin (zus. mit Roman Jakobson), Lavant, Celan, Bachmann u. a.

Patrick Roth
Riverside

Christusnovelle

Mit einem Kommentar
von Grete Lübbe-Grothues

Suhrkamp

Der vorliegende Text folgt der Ausgabe:
Patrick Roth, *Riverside*. Frankfurt am Main:
Suhrkamp Verlag 1996 (= suhrkamp taschenbuch 2568).

Originalausgabe
Suhrkamp BasisBibliothek 62
Erste Auflage 2005

Satz: pagina GmbH, Tübingen
Druck: Ebner & Spiegel, Ulm
Umschlagabbildung: Holger André
Umschlaggestaltung: Regina Göllner und Hermann Michels
Printed in Germany

ISBN 3-518-18862-3

1 2 3 4 5 6 – 10 09 08 07 06 05

Inhalt

Riverside

⌈ER, Gott, rief den Menschen an und
    sprach zu ihm:
Wo bist du?
Er sprach:
Deinen Schall habe ich im Garten
    gehört und fürchtete
        mich, weil ich nackt bin,
und ich versteckte mich.

Im Anfang 3, 9.10

Rock of Ages, cleft for me,
Let me hide myself in thee.

American Gospel Hymn⌉

I

Ich sehe eine Höhle. Und darin, während draußen in den Gassen der Hügel die Springflut Regens übers Wild-Trokkene hinschießt, seh ich Glut. Und gut zwanzig Schritte in die Sicherheit ihres dunklen Überhanges hinein, liegt gesammelt die Glut der Höhle. Zusammengesammelt, steinumringt, windumstoben. Und es hört Regen die Höhle. Und staut sich das Echo hinten, wohin sie dem Glutschein entkommt und dunkler wird und dunkelt, unsichtbar macht, was hier aufhält die Höhle. Aber fernher kam Donner.

Und aus dem dunkleren Teil, wo sich sein Echo hellt, kommt der Mann. Ist ein Alter. Und vermummt an Gestalt, kalkgraue, aschenverschmierte Lumpen am ganzen Körper, kommt er zu tragen, vornübergebeugt, die Last. ⌜Kommt schweren Schritts und zieht eine Leiter, langsam, beschwerlich, die, rückengetragen, im langen End kauzigrauh nachschleift, als sei sie Last nur am Mann, am Boden aber schon Pflug. Als gälte es, aus dem trocken-brüchigen Lehm heute noch Ernte zu ziehen, eigensinnigerweise.⌝

Und angekommen am Eingang der Höhle, beäugt der Alte die Wand, sucht darin obenhin. Nach einem Zeichen? Einem Versteck? Und scheint bald fündig und stellt dann die Leiter. Und nimmt auf vom Boden, bevor er noch steigt, ein ⌜Männergewand, das schon gefaltet bereit dort lag. Und steigt die Leiter hinauf. Und hält, unter der nächstletzten stehend, auf der siebenten Sprosse, und lehnt gegen die Leiter. Und greift aus der Seite sich, einer lappigen Falte des Lumpengewands, Nagel und Stein. Und schlägt den Nagel dort in die Wand, auf der Höhe etwa der letzten Sprosse der Leiter. Und hängt daran auf das Kleid⌝, hoch oben, das sich entfaltet. Ein einfach Männergewand. Und läßt den Stein fallen und klettert hinab.

Und nochmals, von unten, prüft er die Höhe des Kleids. Und als die Fingerspitzen des Alten reichen nicht an den Saum, da ist ers zufrieden. Und zieht ab die Leiter, zurück. 5 Und das lange Ende schleift nach, aber achtlos, nicht länger rückengetragen von ihm. So als sei schon gesät und die Ernte schon sicher. Und verstaut sie hinten im Dunkel der Höhle.

Und taucht, so getan, aus dem Dunkel dort auf, und nähert 10 der Glut sich des Feuers. Und hockt davor hin und bläst hinein in die Flamme und wärmt sich die Hände.

Und ab und zu, schläfrig, tonbetört, schaut er hinaus in den Regen.

Zeit ist vergangen, da hört er Stein, niedergehaun vom 15 Berg. Und rappelt sich auf, geht vornhin zum Eingang und schaut hinab. Da packt ihn, was er sieht. Denn er hat erkannt: es kommt Einer, kommen Welche! Und er zittert, wird schwach, als er sieht, und lehnt eine Weil in die Wand sich, wie in einen Freund. Wird aber nicht beruhigt, son- 20 dern: wünschend, die Leiter stünd neben ihm noch, auf

begehrt Zehenspitzen heischt* er, durchs Regenfadengewirr hinab-hin, ein Bild sich zu holen der Ankömmlinge.

Und jetzt – wo ist das Schwer-Beschwerliche jetzt seines Gangs? – eilt er zurück zur Feuerstelle, hockt sich dahinter, 25 dem Eingang zu. Und sogleich hat er Augen für nichts als das Feuer, das zusammengesammelte, steinumringte. Und hockt stille dort, reglos, als säß er schon Jahre.

Und zwei Männer erreichen, durchnäßt und vom Aufstieg erschöpft, die Höhle. Und sind jung, treten ein, Andreas und Tabeas, naßquerend die Ackerfurchen der Leiter.

Und der Alte, die Augen im Feuer, bemerkt sie nicht. Un-
5 sicher gehen die Männer hin, auf ihn zu. Er aber bemerkt sie nicht. Und Andreas blickt auf den Tabeas. Denn sie meinen, daß, wider die Rede der andern, ein Wunder ge-schehen, und der Alte hier, im Gebet versunken, vor ihnen ruhe. Und warten auf sein Auftauchen und daß er sie be-
10 merke. Und er bemerkt sie nicht.

Von Andreas, der näher steht, tropft der gesammelte Re-gen, den sein Kleid gesammelt und aufgesogen. Nein, von beiden, von Tabeas ebenso, rinnen die Tropfen des ins Ge-wand versackten Wassers. Und rinnt ein Bächlein davon,
15 wie sie dastehn und voll Achtung sind für die Andacht des Alten und sich nicht zu bewegen, nicht ihn zu stören wa-gen. Rinnt spöttisch die Schritt hin zum Steinring, zischt auf an der Hitze des Steins, mitten hinein in Schweigen und Ernst. Und macht Tabeas lachen.

20 Andreas aber, weil der Alte auch jetzt noch nicht auf-schauen will, spürt dessen Widerwillen und sieht hin durchs Gebet, daß es keines ist, sondern Widerwille, und spricht vors Feuer tretend zum Alten:

– Sei gegrüßt, Diastasimos*. Denn wir kommen in Frie-
25 den.

(griech.) Der-in-sich-Ent-zweite, der Auseinander-stehende

Der Alte bemerkt nicht. Schaut nicht einmal auf.

– Diastasimos?

Und bleibt reglos, wie er war. Und Tabeas hält den An-
dreas, der schon unwillig ist über solchen Empfang, weil er
immer schnell unwillig ist und nur langsam bereut. Und
Tabeas setzt sich diesseits des Feuers und bedeutet dem
Andreas, ihm nachzutun. Und zögernd streckt Tabeas seine 5
Hände aus, sie über dem Feuer zu wärmen. Läßt aber den
Alten jenseits nicht aus den Augen, wie der sein Feuer, die
Mitte, nicht aus den Augen läßt. Dann sagt Tabeas:

– Dank, Diastasimos. Denn dein Feuer, nachdem der Regen uns auf dem Berg überrascht hat, tut uns gut. 10

Und Diastasimos schweigt. Aber Andreas, den Alten endlich aufzuwecken, klatscht in die klammen Hände und
reibt sie sich warm über Glut. Und als Tabeas, nachdem er
(lat.) Griffel aus seiner Tragtasche Schreibtafel und Stilus* entnommen,
neu beginnt und, von Heiserkeit unterbrochen, mit dem 15
Namen des Alten, *Diastasimos* also, keine zwei Silben weit
kommt, da brüllt es ihn an! Und herrscht die Lumpenge-
stalt, die da hockt, die da aufblickt jetzt, herrscht beide sie
an:

– Also, was wollt ihr? 20

Und genießt ihr Erschrockensein. Will mehr davon, raunt,
schnaubt:

– Hmmmh?! … Hmmmmhh?!!

Und wiederholt so und ähnlich, herausfordernd, in allerlei
raunender, schnaubender Tonart sein *Hmhmmmh*, wie es 25
alter Männer giftiger Brauch, wenn sie junge befremden
oder loswerden wollen. Und so immer wieder, als sei er
verrückt oder zum Mindesten alt-kindisch, ungeeignet zu
einem Gespräch mit Besuchern. Bis er einhält damit, wie

verjüngt seine Stimme vor ihnen auffahren läßt, tänzelnd
und höhnisch redend – sie letztlich, indem er so Kraft beweist, doch ermutigend, daß sie den Weg nicht umsonst
gekommen:

5 – Noch vor Sonnenaufgang riet mir eine Stimme: »Diastasimos, versteck dich vor ihnen. Denn sie kommen die
Hügel hinaufgeklettert zu deiner Höhle, dich zu fangen.
Verhülle dich, denn sie schreiben dich auf. Schreiben dich
auf ... oder graben dich zu. Denn sie verfassen Schrift!«

10 Und Tabeas versucht, den Alten zu beruhigen. Er solle doch
keine Furcht tragen. Wird aber im Beschwichtigen von Andreas unterbrochen, der sich an Diastasimos wendet, neugierig über das eben vom Alten Behauptete.

– Sag, hörst du solche Stimmen öfter?

15 – Ich sprach nur von *einer*. Sei also unbesorgt. Und versuche nicht, sie mir auszutreiben! Ich werde mich nicht vor
euch winden und kenne eure Sorte.

Und Andreas und Tabeas werden wieder still, wissen noch
nicht, wie sie den Alten zu nehmen haben. Da fragt er sie
20 aber:

– Und? Wie nennen sie euch?

– Tabeas, aus Jerusalem.

– Andreas ...

Der Alte unterbricht ihn, zahlts ihm zurück.

– Auch kein schöner Name.

Andreas will auffahren, aber schon hat ihn Tabeas angefaßt, dort am Ellenbogen. Und widerwillig, als wisse er
wohl, was zu tun sei, zieht er weg seinen Arm, antwortet
so: 5

– Haben wir dich, Diastasimos, etwa verstimmt, uns
danklos hier niedersetzend, und sollten wir, Tabeas und
ich, ⌜Andreas *Markus*⌝, uns glücklich preisen, dich in der
Höhle hier überhaupt anzutreffen, in der du seit langen
Jahren lebst, fern der Stadt und selbst die aus dem nahen   10
Bethanien meidend? Meinst du, wir sollten froh sein, dich
nicht auf- und davongehen zu sehen?

– Allerdings, Bürschchen. Glücklichpreisen solltet ihr
euch.

– Oder meidest du nicht *gezwungenermaßen*? Und meidet   15
man *dich* nicht gezwungenermaßen und schließt dich aus
der Gemeinschaft der Juden und auch der Heiden, gezwungenermaßen? Denn so verlangt es das Gesetz, Diastasimos, welches den Eintritt in die Stadt unter Todes-
strafe stellt *jedem* Aussätzigen. Wohin hättest du dich ver-   20
steckt, wenn nicht unter die Lumpen, mit denen du dich
verheimlichen   vor uns vermummst, und was etwa zu verhehlen* hättest
du dich aus deiner Höhle hinauswagen wollen?

Und Diastasimos wendet sich ab von Andreas, spricht zu
Tabeas, als sei einem wie Andreas gar nicht zu antworten.   25

– Er weiß schon alles, dein Freund. Ihr hört auf *eure* Stimmen. Die meine aber, »mutiger« Andreas, »mutiger« Tabeas, die ihr in die »Höhle des Aussätzigen« zu treten euch
überwunden habt, die zeigte mir an, daß es *Zeit* sei.

– Zeit? Wie meinst du?

– Zeit ist es nicht nur für euren Besuch, sagte die Stimme, sondern: zu ⌐vertauschen Gelübde und Lehre⌐. Und euch, die ihr kommt, mir das eine abzuringen, will ich das andere
5 gern verpassen. Denn ich habe der Stimme wohl gehorcht und habe mich versteckt. Nur seht ihrs nicht. Statt dessen werft ihr einander Blicke zu – mir entgeht keiner! – als sei der Aussätzige hier auch noch geistesgestört.

Und Andreas will jetzt gehört werden, dem Alten zu wi-
10 dersprechen, ihn aufzuklären über den wahren Grund ihres Kommens. Und Diastasimos gibt ihm Zeit, zweimal – aber nur für einige Worte.

– Alter, glaubst du, wir …

– »Geistesgestört«, sagten eure Blicke, lehr mich nicht an-
15 ders!

– Nun hör mir doch zu, wir …

– Aber *damit* habt ihr ja Erfahrung, mit solcher Sorte. Bei den im Geist Gestörten kennt ihr euch aus, nicht wahr?

So rieb sich der Hohn des Alten an Andreas Einsprüchen
20 blank, weil er unbeirrt ihn nicht zur Rede kommen ließ:

– Denn euren Herrn und Meister, hatte man den nicht oft grade so genannt und hat man nicht in der Heiligen Stadt gesagt, er höre Stimmen? Und gar welche von Gott? Und die hätten ihm gesagt, daß er sei jener Stimme Sohn und
25 also König der Seinen, der Jünger, aber mehr noch: aller Juden? *Mehr* noch: der Heiden und aller Welt, wie ich seit einigen Tagen höre, daß es geplant? Erfahrung habt ihr,

geprüft seid ihr wahrhaft in solchen Stimmen, höre ich. Drum wunderts mich, ihr könnt nicht sehen, *wie* ich versteckt bin. Denn ich bin euch versteckt, und meine Stimme sagte mir so.

– Du argwöhnst gegen uns ohne Grund, antwortet Tabeas nach respektvoller Pause. Zweifelten wir dein Zeugnis und Denkvermögen an, wir hätten uns nicht die Mühe gemacht. Auch in Bethanien* erinnert man sich deiner. Wer aber im einzelnen von dir erzählt, auch dir von den Geschehnissen der Stadt berichtet, konnten wir nicht in Erfahrung bringen. Sind es die dir manchmal das Essen bringen?

Dorf nordöstl. von Jerusalem

Diastasimos schweigt.

– Nur daß du nicht irr oder *stumm* geworden ... das wußten sie dort sicher zu sagen.

– In Bethanien? Wollt ihr sagen, man erinnert mich in Bethanien?

– Jeder weiß dort auch von der Höhle, die abseits liegt des Wegs von Jericho* herauf nach Jerusalem. Wir hätten sie selbst sonst kaum gefunden. Auf deine Frage aber, warum wir gekommen sind und »was wir hier wollen«: Im Namen unseres Herrn, des gekreuzigten und wiederauferstandenen Jesus, sind wir gekommen.

Oasenstadt im Westjordanland

Und der Alte schweigt eine Zeitlang. Und Tabeas meint, er sehe ihn lächeln. Schließlich hört er ihn murmeln, verstehts aber nicht. Und bittet den Alten zu wiederholen, denn auch Andreas hat nichts gehört. Und der Alte nickt, immer noch lächelnd, spricht:

– Hat ers euch geheißen*? aufgetragen

Und Andreas, der das Gift schon spürt, und der, wie Tabeas, das Lächeln des Alten glaubt deuten zu können:

– Wie meinst du?

5 – Hat ers in euer Ohr euch gelegt, daß ihr euch aufmachen sollt zu mir, mich zu heilen?

Andreas und Tabeas schauen einander an, verlegen, unsicher, denn sie hatten nur seinen Hohn erwartet. Jetzt aber klingt eine Bitte darin, die macht sie verlegen. Und Andreas
10 spricht:

– Nein. Sondern Thomas, einer der Zwölf*, hat uns den Auftrag gegeben. Aber ... Ergänze: Apostel

– Aber? Ihr schaut so verdrückt, raus damit!

Da sagt Tabeas:

15 – Wir kamen nicht eigentlich, dich zu heilen, Diastasimos.

Und Andreas fügt schnell hinzu:

– Denn dein Unglaube ist berühmt.

– So? Ist er das? »Nicht zu heilen«, da bin ich ja beruhigt.
20 Ihr plant also keine ⌜Schattenhuscherei mit mir, wie sie euer Simon in Jerusalem treibt⌝, dem sie, höre ich, Kranke hinlegen, daß er sie im Vorbeigehen überschatte. Antwortet!

– Nein, sagt Andreas. Wir sind gekommen ...

– Auch nicht, mich tot umfallen zu sehen, wenn ich nicht
mit allem herausrücke, wies dem ⌐Ananias und seinem
Weib⌐ soll ergangen sein?

– Da bist du nicht gut informiert, Diastasimos, denn da- 5
mals ...

– Willst du, junger Tabeas, wetteifern mit der Wahrheit
meiner *Stimme*? Oder sie Lügen strafen und auf jenen Ak-
ker hinauswünschen, auf den ⌐einer von euch⌐ hinabfiel
und in zwei soll geborsten sein, nur weil er getan, wie ihm 10
von eurem Herrn selbst befohlen war?

– Woher willst du das wissen und wers ihm geheißen?
meint wütend Andreas. Warst du dabei?

– Den Judas kannte ich.

– Kann nicht sein. 15

– Oh, doch, du nasser Tropf. Man weiß das noch bei euren
Zwölf, oder, glaubt mir, man hätte euch nicht hierherge-
schickt. Überhaupt: Wenn das euer Herr noch erlebt hätte!
Oder meint ihr, er hätte all den anderen wohl, nur seinem
Verräter nicht vergeben? Zustände sind das! Und jetzt 20
wollt ihr Lehren flechten aus dem, was euer Herr gesagt,
was er getan?

Spricht Tabeas:

– Wir wollen, Diastasimos, helfen, es festzuhalten für andere. 25

– Statt euch selbst fest halten zu lassen, wie? Ihr Schatten-
huscher und Menschenverdammer! Wo ist das Zeugnis eures Herrn, wenn ihr es selbst nicht seid?

– Alter, du tust uns Unrecht. Man hat uns zu dir gesandt,
weil einer der Zwölf begonnen hat aufzuschreiben …

– Hier ists, das Wort! fährt Diastasimos auf. Wußt ichs
doch!

– … aufzuschreiben, was unser Herr gesagt und wem ers
gesagt. Wir sammeln die Worte derer, die ihm begegnet
sind. Denn es fehlt noch viel, und man versicherte uns: du
hättest etwas. »Geht, holt!« Das aber als Zeugnis für die,
die kommen werden und dieser Tage bekehrt werden sollen.

– Kommt aber nicht, *mich* zu bekehren, das sage ich euch.
Denn warum soll ich auf die Seite von Schreibern gehen,
die ihre Predigt nicht im eigen Fleisch und Blut geschrieben
finden, sondern in Tintenstrichen auf Papier? Gebt mir den
Mensch zu lesen, wenn ihr Menschen lesen wollt.

– Den Jesus also. Von dem du uns doch nicht reden lassen
willst!

– Auch den kann ich, winkt Diastasimos wie gelangweilt
ab. Könnt ihr denn nur von *andern* künden? Dann geht!
Macht euch davon! Die andern kenn ich schon.

– Du bist doch wirklich unverschämter als man uns ver-
sprochen, sagt da Andreas und läßt sich nicht von Tabeas
halten. Bewirfst uns hier mit deinem Haß auf alles, was
nicht in diesem selbstgegrabnen, gottverdammten Kalk-
steinloch sich fände. Was weißt du von der Welt, du
Hund –

– Andreas, laß ihn!

Gottesbild ... daß Gott dich so gestraft hat?

– Wir gehn! Und Tabeas macht sich dran aufzustehen. Andreas bleibt aber sitzen, schimpft weiter:

– ... daß Gott mit Aussatz dich beworfen hat? Und dann   5
mit Einsamkeit und dann mit Besserwisserei?

Lächelnd betrachtet ihn der Alte, spricht:

– Und alle drei sind ansteckend, bedenke! Du redest recht
von Gott. Na endlich! Habt ihr Blut geleckt? Bleib sitzen,
Tabeas. Habt ihrs erfaßt? Denn da ist doch noch, *über* eu-   10
rem Herrn, Einer, der straft. Den ihr an mir, dem Aussatz
unter meinem Kleid, erkennen wollt. Ich bin sein Beispiel
für die Strafen, die ihr fürchtet. Von eurem Gott: die Strafen und das Beispiel. Demselben Gott, dem eurer ja ent-
Unglaube stammen soll, angeblich. Dem ⌐Gott, den die Propheten   15
Glaubt nicht kannten⌐. Der dreinschlug, auszurotten wußte sieben
an strafenden Stämme, damit wie du hier welche wachsen konnten. Wißt
Gott ihr von meinem Unglauben, dann wißt ihr auch von diesem
Gott. Dir aber, Rauhbein, will ich gleich vergeben. Denn
wenigstens gabst du von dir und ehrlich, als du auffuhrst   20
gegen meine Worte. Ich hatte indessen – so fühlte sich das
an – ein Stückchen Fleisch-und-Blut von dir in meiner
Hand. So soll es gelten zwischen uns. So soll geredet sein.

Und Tabeas fühlt sich herbeigerufen wie ein um Seelenheil
besorgter Helfer, fragt wie ein Vater hier sein Kind: 25

– Wie kommt es, daß du Gott so zürnst?

– Ich zürne keinem Gott. Ich sage, was ich höre.

– Die Stimme wieder! ruft Andreas ärgerlich.

– Die sagt, daß *Götter* zürnen, keine Menschen. Wir winden uns, wenn man uns schlägt, und nennens Zorn – aus
5 Eitelkeit. Weil wir uns unsrer Schmerzen schämen und daß sie Ihm, dem Gott, so offenbar.

Andreas nimmt ihn beim Wort, sagt:

– Dann war das deine Sünde, Alter: die Eitelkeit? Das Winden, Sich-im-Wort-Verdrehen, wie wirs in deinem Reden
10 hören? Du nimmst nichts ernst. Das Wort, das dir Erlösung bringen könnte, flektierst* du. Probierst es an, als sei es reiche Kleidung. Wach auf, es sind nur Lumpen, die du trägst, und war die Eitelkeit, die dich verraten hat.

Hier: drehst du hin und her

– Die *Eitelkeit*, du sagst es, gibt ihm der Alte ruhig zurück.
15 Und stellt sich wie geschlagen. Und spricht, zunächst ganz langsam, tastend-fassend, aus längstvergangnen Bildern so zusammensammelnd: Jetzt wird mir alles klar, Andreas. *Die* war es auch, die mich vor vielen Jahren einst erwachen ließ. In Gottes Morgendämmerung. Ich lebte damals in Be-
20 thanien. War Ehemann, war Vater zweier Söhne. Wie eitel war es da, als ich, vor allen andern aufgestanden – denn es galt, manches Werkzeug auszubessern – im spiegelglatten Wasser draußen die Sichel wusch. Wie eitel doch, als ich im Wasser sah die Stellen auf meinem Nacken, meinem Schul-
25 ternrund. Dort hatt sich über Nacht und ein-und-festgesetzt, um rötlichgraue Herde: der Aussatz. Ich habe nicht gezürnt, Andreas. Kein Gott war da, der sprach: »So hab ich dir getan, jetzt trag es!« Es war ganz still, und ich, ich war ganz starr ... du, Tabeas ... Ganz starr. Und nur die
30 eitlen Finger meiner Hand bewegten sich, die um das

Kranke tasteten, als sei es dort und jetzt in Schranken noch zu weisen. Sonst war ich eitel-starr. Und erst als Gottes Sonne dann erschien und ich die Kinder hört in unsrer Hütte und auch die Frau, zog ich mir an das Überkleid, das bei der Schwelle hing und mir, ein Weilchen später nur, von 5 meinem Sohn wär zugetragen worden aus Kindereitelkeit, versteht ihr, wie Kinder sind, wenn sie dem Vater etwas reichen können. Und jetzt *nicht* zugetragen wurd, das Überkleid, nicht schläfrig-freundlich, von niemand mehr, von keinem grad erwachten lieben Sohn je wieder zuge- 10 tragen ward, mit aber Hast gefaßt von mir und atemlos erreicht: das Kleid, das mich verstecken mußte.

Antwortet Tabeas:

– Ich fühle mit dir, Diastasimos. ⌐Nur weiß ich auch, daß sich uns später im Gewissen immer offenbart, wofür uns 15 Gott bestraft.⌐

Und Andreas:

– Du wirst gewußt haben, was sonst vielleicht nur ER ge- wußt.

– Ihr ahnt, das muß ich sagen, ganz herrlich, wie man in 20 meinem Fall mit Fragen nach der Ursache sich aushöhlt und innen alles umgräbt, die Tage auch, die schon vergan- gen, gar nicht vergehen läßt und sie aufs neue aufgehn läßt, das Auge draufhält und jeder Fliege Bahn verfolgt, um ja zu prüfen, ob man die Flügel ihr beim Aschenblasen nicht ver- 25 sengt und so des großen Zornes Grund im Kleinsten schon entzündet hätt. Ich war nicht fehlerlos, doch auch nicht schwerbelastet, schien mir. Ich hatte Schulden, ja. Doch nichts, was nach der nächsten Ernte, die viel versprach, nicht wär entgolten worden. Ich hatte einen Nachbarn 30

einst verleumdet. Ich war mir sicher, daß das Zicklein uns
nicht entlaufen war, sondern ihm zugelaufen, vielmehr zu-
ge*zogen* – von seiner Hand. Und hielt die Meinung davon
in mir, nur ab und zu, in diesem, jenem Wort hat sich gezeigt, daß ich ihm nicht mehr Freund, nicht mehr der alte
Nachbar war. Die Sache aber war nie offen, wir sprachen
nie darüber. Denn was ich ahnte, konnt ich nicht beweisen.
Jetzt frag ich euch, war das der Strafe Gottes würdig?

– Willst du, fragt ihn Andreas, daß wir entscheiden, wo
schon entschieden wurde? Uns ist es nicht gegeben, in dich
hineinzusehn. Du bringst uns in Verlegenheit. Laß uns
doch reden, wovon dem Thomas wir Bericht zu geben hier-
hergekommen sind.

– Ja, bittet ihn auch Tabeas. Denn Thomas sagt, was du
bereits bestätigt hast. Daß du mit Jesus, dem Menschensohn und Gottessohn, einst hast Gespräch gehabt. Sprich
also davon, und leg uns dar, wies dazu kam. Erinnerst du
die Zeit, und was er sagte, und was du ihm geantwortet?

– Ihr seid mir Botengänger! schimpft da der Alte. Wer hat
euch rekrutiert*? Soll ich vom Sohn erzählen, bevor ich bei
dem Vater Gnade such? Muß ich nicht eher diesen Vater
um die Heilung, wo aber die verschlossen, doch um ein
Wort ihn bitten, doch um ein Flüstern, den windgetragnen
Sinn der Krankheit einzuhören, den Urgrund meiner Strafe
einzusehn, bevor die Meinen und meine ganze Welt erfährt,
was mir im Nacken sitzt?

Und Tabeas sieht, daß ihm nicht beizukommen ist. Und
seufzt und gibt ihm nach:

– Du hast dich deiner Frau nicht anvertraut?

Hier:
ausgebildet

– Was gab es ins Geheimnis ihr zu geben? Das, was ich selbst, so viel ich mit mir dachte, nicht zu verstehen wagte? Ja eher glauben wollt, es sei ein böser Traum, es sei ein fleischgeworden Bild der Ernte, die damals Regen traf und in Gefahr geraten war? Denn es war nah am Passahfest. Und wenn es jener Tage so geregnet hätt wie heute, wir Bauern hätten unsre Ernte nicht gesehn. Vielleicht, dacht ich halb irr und immer wieder prüfend Stell um Stelle, mich windend, *ob es sich mehrt*, und ob – denn Hoffnung ließ mich nicht – ob diese fremden Farben, ob die Geschwulst nicht schon verschwunden, ob es nicht doch ein ausgebrochner Traum war, der *an* mir, *auf* mir sagen, in meine *Haut* einschreiben sollt: daß diese unsre Ernte mit Pestilenz beworfen wird, wenn es nicht käm zu Gott und es nicht einzulenken sei, dies Volk. So dacht ich heimlich und hab mich schon am nächsten Tag davongemacht.

– War es in diese Wildnis, in die du damals zogst, um abzuwarten, was mit dir geschähe?

– Du kennst mich nicht, Tabeas. Auch der, der damals wegzog von den Seinen, den kennst du nicht. Ich war nicht immer einsam. Ich war wie du … und du, Andreas. Ich hab, wie ihr, die Einsamkeit gescheut, ich reiste nie allein, wenn es nicht nötig war. Ich war noch unter euch, versteht ihr? Ich war noch *von* euch. Einer von euch an jenem Tag noch. Kein Aussatz, kein Ausgesetzter wollt ich sein. Nicht »festgestellt« vom feinen Tempelpriester, und dann verbannt. Ich mußte *zu* euch, mitten unter die, mit denen ich bis dahin noch gelebt. Ich kam nicht hierher. Ich wollte nach Jerusalem, zu *euch*, euch *Menschen* … versteht ihr?

– So wie du warst? fragt ihn entsetzt Andreas.

– Vermummt, versteckt vor euch, so wie ich war.

– Man hätte dich gesteinigt, zu Recht. Du wußtest doch, was du an dir da in die andern trägst! Wie vielen wolltest du den Tod?

5 – Ich hab nicht, siehst du nicht, Andreas, ich hab mich nicht für tot gehalten, für einen Lebend-Toten. Ich konnte also auch den Tod nicht andern geben, den Tod, der mir, so war ich sicher, von Gott wieder genommen würde. Ich habe diesem Gott, ich habe seiner Güte ganz vertraut.

10 – Man wird, spricht da Andreas, dir aber sagen müssen: das war die Angst, die dich so handeln ließ, die Eigensucht, die letzte Tat in Eitelkeit und Teil der Strafe Gottes, daß du so ohne Rücksicht in Gefahr gebracht die ganze Stadt.

– Ich war nicht schuldig.

15 – Jetzt warst du es.

– Das war nicht meine Krankheit.

– *Jetzt* war sies. Mit dem Betreten unsrer Stadt! ruft ihm Andreas zu.

– Es war nur Gottvertrauen, seht ihr nicht?

20 – Gottlosigkeit und Selbstsucht, blinde.

– Ihr seht nicht. Nach all den Jahren seht ihr nicht.

Tabeas aber hat Mitleid mit ihm und sieht, wie den Alten die Worte des Andreas leise und mürbe gemacht. Und besorgt um ihr Ziel, versucht er auf anderem Weg, ihn wieder
25 zum Sprechen zu bringen:

Jüd. Fest zum
Gedenken an
den Auszug
aus Ägypten

Gebirgsland
westl. des
Jordans

— Wie lange ist es her, das Passah*, als du wegzogst aus
Bethanien? Denn die uns hergeschickt, die kamen auch
hinauf zur Stadt zum Passahfest, und meist aus Galiläa*,
Jahr für Jahr. Vielleicht hast du sie dort ja damals schon
gesehn?   5

Röm. Statt-
halter von
Judäa (26–
36 n. Chr.)

Dorf südl. von
Jerusalem

Und Diastasimos antwortet leis und sich erinnernd:

ti kas evg-

— Es war zu der Zeit, da Pilatus* versuchte, das Wasser
einer Quelle außerhalb Bethlehems* in eure Stadt zu leiten
… und Unruhe war unter den Städtern.

— Mein Bruder und ich, sagt Andreas, wir erinnern uns   10
auch, aus anderem Grund, an ⌐jene traurigen Tage⌐, und
man sprach uns noch später davon. Pilatus nahm sich, so
sagten sie, das Geld für den Bau aus unserem Tempel-
schatz, den Protest der Unseren aber mit mehr als Verach-
tung strafend.   15

König von
Israel und Juda
(965–926
v. Chr.), Sohn
Davids und
Bathsebas

— All das wußt ich nur halb, sagt Diastasimos. Ich wollt zu
meinem Gott, dem Salomon* einst hat gebaut und dann
⌐Herodes⌐ nachgebaut und neugebaut Sein Haus, den Tempel in Jerusalem. Darinhinein wollt ich mich retten und
IHM dort opfern, IHN um die Heilung flehn.   20

Und hier taucht wieder Leben in den Alten, sie sehn es
beide. Denn er spricht zwar erinnernd, aber so im Rhythmus des Vergangenen, daß es wie nachgezogen, von der
sich schleifend-mühenden Stimme des Alten lebendig-leh-
mig hergezogen, vor sie zu stehen kommt: (*Sei lw!*)   25

— Es war um die dritte Stunde, als ich die Stufen hinauf
zum östlichen ⌐Huldah Tor⌐ kam, des Tempels Säulengang
zu betreten, und ich schaute auf die, die den Tempel durchs
zweifache, westliche Tor nun gereinigt verließen, und

sprach im Innern zu Jahwe*: Führ mich im Kreise wie diese, (hebr.) Name Gottes
auf daß ich gereinigt werde, und gereinigt wie diese verlasse durchs linke Tor diesen Tempel, dein Haus, wie es
geschrieben steht. Und trat ein. Im großen Tempelvorhof
5 aber, bis zur inneren Mauer hin, die den Heiden Zutritt
verwehrt, standen dichtgedrängt Volk und viele der Pilger
und waren zum Fest, auch viele aus Galiläa gekommen. Ich
hatte zwei Opfertauben gekauft und drängte vorbei an einigen, dem Tempelberg und den inneren Toren zu, da kam
10 eine Unruhe über die Menge, die sie alle zusammenzog und
noch dichter drückte, als würde von allen Seiten auf uns
gepreßt. Und man stieß mich in diese, in jene Richtung, da
lockerte sich die Menge wieder, und man hörte am fernen
Ende des Tempelplatzes ein Schreien, der ⌜Burg Antonia⌝
15 zu. Ich aber stand bei einem, ein Jude wie ich, der hatte
mich angesehn, als uns die erste Welle so aneinandergestoßen. Und der, das fühlte ich gleich, erfuhr nun in *meiner*,
meinem Gesicht eingeschriebenen Angst: entdeckt, erkannt zu werden, die *seine*: erkannt, entdeckt zu werden.
20 Denn seine Miene war schrecklich gespannt, und er erschrak auch, als er meinen Augen begegnete, und wich ihnen aus, noch bevor ich das tat. Mir war auch so, als erkennt ich hier einen, der mich vielleicht verfolgt hatte.
Denn noch diesen Morgen, auf dem Weg von Bethanien,
25 hinab ins Kidron Tal*, blieb ich stehen. Da wars mir, als säh Bachtal östl. von Jerusalem
ich einen wie ihn droben stehen, wartend zu sehn, zu welchem Stadttor hin ich meinen Weg einschlüge. Aus der
Ferne waren mir weder dessen Gesicht noch Kleidung erkennbar, und doch erschuf mir die Furcht jetzt, der raschunerwartete Zusammenprall in der Menge, diesen *einen*
30 Verfolger und glich ihn dem Juden hier an. Denn er war,
wie ich sagte, erschrocken, als ich ihn ansah. Und trug auch
etwas unter dem Kleid, darin er beide Arme versteckt hielt,
als hätte man ihm diese gebunden. Er drängte weg von mir,
35 das sah ich jetzt deutlich, aber ein erneuter Ausbruch der

Menge stieß uns wieder in nächste Nähe. Und diesmal so nah, ich konnt seinen Atem hören, hastig-angespannt-heiß, als sei dieser Mann ⌜das heimliche Herz der Menge⌝, ihr pochend schlagend Herz, ihr Löser-Auslöser, für jeden der wogenden Masse all-verantwortlich, der geheime Va- 5
ter aller Juden und doch: kein Vater. Eher Verfolger. Da brach die Menge los und schrie, und viele schlugen sich auf die Brust und wehklagten laut und rannten, ein Strom, nach Norden zu an die Burg, Pilatus im Jammer die Stirn zu bieten. Und jeder wurde mitgezogen und konnte nicht ge- 10
gen den Strom, bis auf einige von uns. Denn jetzt sah ich ihn wieder, gegen den ich gestoßen, dessen Angst ich er-kannt. Ich sah ihn, wenige Köpfe entfernt, stillestehn, von der schreienden, jammernden Menge umrannt. Unver-gleichlich war aber dort der Lärm. Seine beiden Hände sah 15
ich: nicht mehr verdeckt von dem Umhang. Sondern um Schwert und Geißel. Und sah, wie er hieb mit dem Schwert in die Unsren, in unsere Schultern, in unsere Hände und Häupter. Und die er nicht beibekam, die riß er, wo sie vor-beimochten, anderer Hand mit der bleiköpfigen Geißel 20
auf. Es waren aber der Mörder viele, von Pilatus gedungen, und hatten wie die Unseren, in unserer Kleidung, sich unter das Volk gemischt, um uns die Stimmen zu stillen*. Und wegdrängten viele, aber wurden zurückgedrängt von der Menge, die vorn an der Burg nicht weiterkonnten und die 25
noch nicht ahnten, was unter ihnen geschah. Und so auch ich. Und kam unters Schwert des Soldaten. Doch eh ich getroffen, riß mich die Geißel. Denn er sah, wie ich aus-weichen, zurück zwischen die Beine der anderen wollte, und hatte erkannt, wer ich war und daß er mir, wenig zu- 30
vor, noch ausgewichen war mit den Augen. Und drosch auf mich ein mit dem bleiköpfigen Lederstrauch, den sie *fla-gellum** nennen. Und der Stoff meines Kleides barst und wurde weit aufgerissen, so daß ich im selben Moment wußt, was er sah: nämlich den Aussatz, den Rücken voll 35

unseren
Protest zu
ersticken

(lat.) Geißel

Innere Vergangenheit der Krankh. vor Gott (im
Tempel fertig zu werden.

Aussatz und Blut. Und wälzte mich um, ihn ein letztes Mal
zu verdecken, und riß hoch beide Hände, an mein Gesicht,
mehr vor Scham als vor Angst, denn ich sah sein Erstaunen
noch über das, was er gerade entdeckt, und sah ihn zurück-
5 weichen vor mir, dann aber wieder herangedrängt von andern, welche anderen Schlächtern entkommen wollten.
Und ich sah meinen Soldaten, wie sein Schwert auf mich
fiel. Es waren aber in meinen Händen noch die zwei Tau-
ben, die ich gekauft und die meine Furcht vor dem Tod
10 mich umklammern hieß und sie erdrückt haben mochte,
ich weiß nicht. Ich weiß nur, daß, als sein Schwert nieder-
kam, etwas aufstob, lösend sich von mir emporriß und
naßquerte die Schwertbahn und den Streich missen* ließ   verfehlen
des Soldaten. Denn ich hörte noch seinen Wutschrei, da
15 hieb er schon mit verdoppelter Kraft auf den Nächsten. Ich
aber entkam. Entkam mit denen, die überlebten, durch jenes andere, zwiefache Huldah Tor, den Ausgang, den ich   gereinigt
im Eingang mit Hoffnung betrachtet. Und war ja auch   ?
wahrhaft, nur anders, gereinigt von Gott: *gottlos*, denn den
20 zu ihm Gekommenen hatte er dafür bestraft. Also betro-   Gott – los
gen, schlich ich die Rampe hinab und wußte: Wie er,
stumm und tot, sich mir nicht gezeigt, würde auch ich für
tot gehalten und zu den Toten gerechnet von heut an. Und
wahrhaft, totgeglaubt wollt ich sein, unter die Opfer des
25 Tages gezählt, denn ich war ohne Hoffnung und konnte so
nicht zurück zu den Meinen. Und zog aus der Stadt und
fand später hierher, wo ihr mich heute gefunden.

Sie schwiegen.   * Warum hast Du mich ver-
           lassen*.

II

– Sag aber, Diastasimos, begann Tabeas von neuem, hast du die Deinen, ich denke an deine Söhne, an deine Frau, denn ohne Nachricht gelassen?

– Sie hat doch erfahren, daß viele an jenem Tag den Tod fanden. Viele. Denn eine genaue Zahl hatte niemand.

– Du lästerst Gott, undankbar wie du redest, spricht Andreas zum Alten. Warum hätte er dich am Leben gelassen, wenn er, wie du hier andeutest, dir einen nachgeschickt, dich zu töten? Du solltest Gott preisen. Er hat dich dem Manne entzogen, der auf dich schlug. Preisen, denn hier war die Frucht: lebendig bist du davongekommen. Und doch undankbar, wahrhaftig gottlos, ihn lästernd mit deinem Haß. Denn viele, auch wir, sahen an jenem Tag den Vater nicht wieder. Denn *Pilatus* wollte es so. Aber zürnten wir Gott? In Jerusalem hat man begraben und über den Gräbern geklagt, wissend, daß Jahwe uns den Messias* bereithält.

– Ihr habt mich gefragt: Warum zürnst du Gott? Weil ich zu jenen gehöre, die ⌈nicht mit Hiobshaut geboren⌉. Wir aber sind Mehrheit. Darum geht, fragt die Toten. Meint ihr nicht, sie stimmten mir zu? Und nicht, daß sie mich, der ich tot der Welt lebe, an ihrer Statt reden ließen?

Aber Andreas will ihm nicht beigeben*:

– In welcher Ohr denn, Diastasimos? Denn du sprichst zu den Lebenden und vermagst uns nicht zu überzeugen. Und wie lang denn willst du den Toten das Wort reden? Was, meinst du, bedeuten die Toten, daß sies im Gemüt hätten zu

Margin notes:

anders ver-wendet

(hebr.) »Gesalbter«, der verheißene Erlöser im AT; Beiname Jesu Christi

Ecker Zorn u bis den Tod

zustimmen

zürnen? Glaubst du, sie wissen? Und, wissend, glaubst du, sie wüßten mehr als ihren Tod? Und wenn mehr, was dann? Unser Herr aber hat gesagt: Nichts ist verborgen, das nicht entdeckt werden wird, nichts verhüllt, dem nicht entrissen wird das Verhüllende. Also auch nichts begraben, das nicht wird auferstehen, wenn Jesus wiederkehrt. Und dieses »mehr«, wenn ein Mehr es gibt im Wissen der Toten, wenn sie über ihren Tod hinaus etwas wissen sollten, dann dies: daß ihnen wird entrissen werden, wie ein Linnen, der Tod – und aufersteht der Begrabene! Denn im Ende, das ist der Tod: ein Verhüllender, der stirbt dahin.

– Ihr redet groß. Ihr redet aber und redet. Ihr ahmt die nach, die euch geschickt. Sie haben euch wohl den Vater ersetzt, und ihr haltet dafür, viele Väter zu haben. Aber was tut ihr? Wo wird gehandelt? Wollt ihr mich lehren? Dann packt an! Faßt mich an! Lebt, springt hinein in dieses Haus! Laßt euch ein in den Körper, den Körper dessen, der vor euch sitzt! Und dann, wenn ihr inwendig seid, Väter dieses Hauses, und wir uns also vertauscht, *dann* sprecht! Ich will euch hören, wie ihr Worte knüpft. *Das* Muster will ich sehen, ob es noch Hoffnung hat, sich ach-so-stolz fürs Leben bäumt und noch verheißt, daß jedes Ding sein Ge- genteil, daß alles einst noch anders wird. Und ob ihr in der Höhle hier, nach Jahren, noch Den kommen hört, auf den ihr, wie ihr sagt, ja wartet. Wartet auf seine Wiederkehr, harrt aus in meinem Körper! Und ich will euch die Worte eures Messias aufsagen hören, ob ihr sie nicht verdammt und vaterlos werdet und inwendig lernt zu vergessen.

– Laß uns beten für dich, sagt Tabeas. Mein Bruder An- dreas, wir wollen beten.

Aber Diastasimos läßt sie nicht aus seinem Zorn:

– *Beten*? Ist das alles, was ihr könnt? Hat man euch mehr nicht gelehrt? Warum *handelt* ihr nicht? Handelt doch, aber mit Macht!

– Was sollen wir tun? fragt Tabeas.

– Handelt! Steht auf, packt mich! Und heilt mich! Befehlt der Krankheit! Reinigt den Aussätzigen! Ist euch das nicht befohlen?

Spricht Andreas:

– Den Grund unsrer Reise zu dir haben wir schon genannt.

– Na und?! Jetzt geht einen Schritt weiter, nämlich zu mir, und befehlt eurem Gott, eurem Jesus, wenn ihr Manns genug seid! Mit welchem Mut hat er euch Schwächlinge denn versehen?

– Wo sollen wir heilen ...

– Und *wen*? unterbricht ungeduldig Andreas seinen Begleiter. Etwa dich, den der Meister, den Jesus selbst nicht reinigen konnte, zurückgeworfen von deinem Mißtrauen und Haß und deiner Gottlosigkeit?

– Wird es so berichtet?

– Ebenso, antwortet Andreas.

– Wie sollten wir tun, was selbst Er nicht vermochte? fragt Tabeas hilflos-entschuldigend.

Aber der Alte sieht ihn nur höhnisch an. Und nochmals fragt Tabeas:

– Was willst du? Daß wir Gott lästern? Mit dir IHN verdammen? Oder auflösen dir den Grund deiner Strafe? Du willst ja nicht einmal, daß wir fürbitten.

– Kleine Brote backt ihr. »Fürbitten«, wer hat denn das erfunden? ⌐Soll Er nicht gesagt haben: »Fragt und so wird euch gegeben. Und nicht anderes wird euch gegeben, als wonach ihr gefragt. Und nicht ein Stein statt des Fischs?«⌐ »Fürbitten«, für und für, wo soll das hinführen? Aber sagt mir: wird es so erzählt?

– Wie denn? fragt Andreas.

– Daß euer Herr mich nicht gereinigt hat, machtlos, meinen Unglauben zu überwinden.

– So erzählte uns Thomas*.

Apostel, Autor des (apokr.) Thomas-Evangeliums

– »Thomas«? Ein Thomas war aber nicht dabei, damals, als die drei zu mir kamen.

– Thomas war nicht dabei, erklärt Tabeas. Aber so wurde es ihm von Johannes* erzählt, dem Sohn des Zebedäus, und einem der Zwölf.

Apostel, Autor des Johannes-Evangeliums

– »Johannes«. Ja, das kann sein, daß der andere so hieß. Ich erinnere noch einen, der Euch so erzählt haben könnte. Außer Jesus, versteht sich. Denn der sprach euch sicher nie von unserem Treffen hier oben.

– Zu den Zwölfen jedenfalls soll er nichts darüber gesagt haben, meint Tabeas.

– Denkt ihr nicht auch, er wird gewußt haben, warum? Hätte er mich aber geheilt, wäre es dann den Zwölfen nicht mitgeteilt worden?

– Sicher, sagt Andreas. Wie es ja auch Johannes tat, als er ihnen von deinem beispiellosen Unglauben berichtete. 5

– Nun sagt mir noch eines: Warum wollt ihr in eurer Schrift erinnern das Unvermögen dessen, den ihr den Gottessohn nennt und als Messias verehrt? Laßt mich doch weg, ich kann euch nur raten. Denn wer würde überzeugt? 10

Aber Andreas antwortet:

– Was ist dein Leid, deine Krankheit, dein Schicksal, gemessen am auferstandenen Christus?

– Ihr meint, ich sei zu vergessen? So klein, so gering gegen ihn? 15

– Du wirst ein Beispiel sein für einen Menschen, spricht Tabeas und sieht den Alten dabei nicht an. An dir werden erschrecken und den rechten Weg suchen lernen die von dir erfahren. Daß er dich nicht geheilt, ist das nicht, wird man sagen, Gottes Gerechtigkeit? 20

– Armer Gott, der so richtet. Arme Menschen, die euch das glauben.

– Im übrigen wollen wir Thomas nicht vorgreifen. Er hat uns ausgesandt, aber nicht endgültig zu schreiben, sondern zu sehen und hören, wer Zeugnis hat von ihm. 25

Und Andreas fügt hinzu:

– Wer aber – du wolltest einen Dritten nennen – wer war denn damals noch dabei?

– Hat das jenem Thomas der Johannes nicht erzählt? fragt
5 der Alte ganz unschuldig.

– Daß ein dritter dabei war, meint Andreas, wird bezweifelt. Es besteht nämlich darüber Unklarheit. Auch Thomas weiß nicht mehr von anderen, und Johannes sagt, er kann sich nicht erinnern. Du bist der erste, der von einem dritten
10 spricht.

– Dann schreibt mal auf. Denn ich erinnere mich seiner gut. Es war nämlich der, den ihr Judas nennt.

– Welcher? Der …

– Der Sohn des Simon Iskariot.

15 – *Der?*

– Von dem jetzt, wie ihr wißt, der Acker soll voll sein. Von seinem Gedärm nämlich, wie ihr unter dem Volke verbreitet habt.

– Du bist dir sicher, daß der dabei war, den sie so nennen:
20 Judas Iskariot?

– Mit eurem Herrn und nach Johannes traf er hier ein. Er trug den Beutel am Gürtel, ich hörte das Klimpern des Gelds unter seinem Stöhnen, weil ihm der Weg höchst beschwerlich war, denn es war ja ein Umweg. Und sah ihn
25 damals zum ersten Mal.

Und Tabeas sieht auf Andreas und spricht leise zu ihm:

– Kann das überhaupt sein? Hat man ihn nicht, wie sonst, vorausgeschickt mit einigen, zu erkunden, wo sie möchten die Nacht verbringen? Wer war denn damals dabei?

Andreas antwortet, auch so, daß es Diastasimos hört: 5

– Thomas meint, der Herr und die Zwölf seien von Jericho herauf den Weg nach Jerusalem gegangen. Es war aber sein letzter Gang hinauf, und er soll vor dem Einzug in die Stadt noch in Bethanien gehalten haben. Und dort mit dem Lazarus und mit Maria und Martha* zusammengewesen sein.   10
Und dem Volk, das gekommen war, ihn und Lazarus zu sehen, weil sie gehört hatten von dem Wunder, soll er zugesprochen haben und hat Lazarus unter sie gesandt. Das war in Bethanien. Dann zog er nach ⌈Bethphage⌉ an den Ölberg, von dort aber nach Jerusalem.   15

Geschwister;
L. wurde durch
Jesus vom Tod
erweckt

– Ihr seid, die ihr aufschreiben wollt, in eurem Bericht schon an mir vorbei, viel zu schnell, sagt der Alte. Du hast recht, Andreas, sie waren aus Jericho den Weg nach Jerusalem heraufgekommen, wenige Tage vor dem Passah, genau kann ichs nicht sagen. Aber Bethanien hatten sie, das   20
seht ihr leicht, noch nicht erreicht. Denn meine Höhle liegt in den Hügeln der Steige, lang vor der Abzweigung dorthin. Ich hatte von ihm gehört und daß er Wunder tat und den Römern das Reich streitig macht, so wurde gesagt. Und es war damals, daß man ihm auflauerte, ihn zu fassen.   25
Und ich wußte auch davon. Es war aber nichts, das mich betraf. Denn ich hielt mich »gezwungenermaßen«, wie du sagst, Andreas, allen fern und achtete nicht sonderlich auf das Treiben der Juden und Heiden. Es war gegen Abend, da hör ich Geröll, fallend, nah und unter der Höhle …   30

Und aufstehend jetzt fährt der Alte fort:

– ...und ging zum Eingang und sah drei Männer kommen.
Der aber Johannes hieß, ging auf mich zu, sagte: »Jesus,
unser Meister, hat von dir gehört in Bethanien.« Und aus
5 ihrer Mitte – denn der mir später als Judas seinen Namen
nannte, der war hinzugekommen als zweiter und trat ein
wenig zur Seite, daß ich sah den sie in ihrer Mitte hatten –
aus ihrer Mitte erschien er. Staubig das Kleid, Hand und
Fuß aufgerauht vom Gestein, bebend die Brust. Hustend
10 noch, ich erinnere mich genau. Denn sie hatten hier herauf
alle Staub geschluckt. Und seltsam, wo mein Aug nun an
diesem hielt: seine Drosselgrube* voll Schweiß, von der   Kehlgrube
Kehle herab sich sammelnd ... Da schritt dieser an Judas
vorbei, und kam hin zu mir, der ich auswich. Aber unter
15 schwarzsträhnig verklebter Stirn seine Augen: die sahen
auf mich und kamen ruhig zu den meinen. Und ich war
ausgewichen bis hierhin, und nicht weiter. Ihr seht, ich
habe nichts verloren von jenem Besuch. Schreibt ihr aber
auch auf?

20 – Das Wichtigste schreibe ich auf, sagt Tabeas.

– Wie willst du entscheiden, jetzt, was wichtig, was nicht,
und entscheiden für wen? Da du das Ende nicht kennst?

– Aber wir kennen es doch, meint Andreas. Und hören
beide mit, beruhige dich, Alter, und wo Tabeas fehlt, werde
25 ich mich erinnern.

Und Andreas lacht, fügt seinen Worten hinzu:

– An die Drosselgrube zum Beispiel.

Diastasimos aber geht und zeigt ihnen die Stell auf dem Boden, unweit dem Feuer, zur Wand hin.

– Bis hierher, wo ich jetzt stehe. Und er ... Er stand hier.

Und wieder geht er und schreitet ab den Abstand, drei Schritte oder vier, und bedeutet die Stelle. 5

– Johannes und Judas aber, noch ehe weiteres gesagt, standen ...: Johannes zwei Schritte vom Eingang, links. Und Judas, dort. Wo vorhin die Leiter stand.

– Wo stand sie denn, fragt Tabeas, wenn du willst, daß wir genau wissen. Denn ich sehe keine Leiter. 10

Und Diastasimos deutet, diesmal aber nicht allzugenau, auf jenen Ort, dem Eingang zu, wo hoch im Dunkeln das Kleid hängt.

– Dort, beim Eingang, dort rechts.

Und auch Andreas schaut sich um, aber lachend, weil der 15 kauzige Alte immer wieder im Kleinsten sich zu verheddern scheint.

– Ebendort, wohin du jetzt siehst, meint Diastasimos kleinlaut und scheint unsicher geworden über dem Lachen. 20

– Gut, wir könnens uns vorstellen, sagt Andreas.

Aber der Alte schweigt wieder. Und das Lachen vergeht ihnen schnell.

– Und dann? fragt Tabeas ungeduldig.

– »Und dann«? äfft der Alte ihn nach.

– Was geschah dann? fragt Tabeas nochmals und bittet ihn schon.

5 Und der Alte spricht:

– Ich fragte – sah zu Ihm hin, aber beim letzten Wort, das ich sprach, etwas an Ihm vorbei, dorthin, zum Judas – »Warum seid ihr gekommen?« fragt ich. Es kann auch gelautet haben: »Was wollt ihr?« oder: »Was wollt ihr denn?«
10 aber nicht ganz, nicht ebenso wie ich euch gefragt, als ihr kamt. Denn ich sagte doch zu euch: »Also, was wollt ihr?« Fragt ich nicht so, Tabeas, genau so?

Und verwirrt antwortet Tabeas:

– So ähnlich fragtest du uns.

15 – Aber genau so, diese Worte benutzend, habe ich doch zu euch gesprochen: »Also, was wollt ihr?«

– Alter, das weiß ich beim besten Willen nicht mehr, das ist doch nicht wichtig.

– Nicht wichtig? »Also, was wollt ihr?« hab ich gesagt,
20 und darin war schon mein Unwille, denn ich wollt damit sagen: »Was wollt ihr, macht schnell und schert euch davon!« Das »Also« sollte euch anherrschen, und ihr müßt es gespürt haben, habt ihr denn nicht?

– Offensichtlich nicht, denn wir sind ja noch da.

– »Also, was wollt ihr?« das hieß: »Faßt Euch kurz!« und:
»Ihr habt schon zu lange Luft euch geholt aus meiner
Höhle und vielzulang schon verschnauft; habt wohl nicht
gewußt, wie steil es hier raufgeht, seid es wohl nicht gewohnt, wie, ihr Städter?« – All das hatt ich gepackt in mein   5
»Also«, und ihr habt vergessen, ihr wißt nicht mal mehr,
ob ich »also« gesagt. Also schreibt auf! Du, Tabeas! Denn
ich habe »also« gesagt zu euch.

– Gut, so beruhige dich.

Und Tabeas notiert und gehorcht. Und der Alte fährt fort   10
und begleitet seine Rede auf Schritt und Tritt, mit Finger-
zeichen den Raum der Höhle dorthin und dahin kreuzend
und querend, so immer wieder bedeutend, was war und
wer sprach und wer Antwort gab. Ganz als gält es zu über-
führen und jemanden eines Verbrechens und noch bevor   15
ers gewahr: so vom Kleinsten ins Große, so verwirrend-
entwirrend genau ging er vor. Denn er wollte sie damit
ermüden und ihre Abwehr brechen. Sie aber ahnen es
nicht. Und Diastasimos fährt fort, bestehend auf jedem
Wort: 20

– Aber nicht zu ihm habe ich so gesagt. Zu ihm – und
dabei, beim letzten Wort, streifend den Judas dort – sagte
ich: »Was wollt ihr?« So war es. »Was wollt ihr?«

– Und Er, was sagte der Meister? fragt Andreas, schon
leiser.   25

– Hier mußt du wissen, daß er gar nichts gesagt, lieber
Andreas. Ich weiß nicht, wie ihr das in Schrift fassen wollt.
Es war einfach still. Ich war mir innig bewußt, daß niemand auf meine Frage geantwortet, ja daß auch – ich sah
von Judas rasch auf Johannes herüber, hierher herüber –   30

daß keiner der beiden antworten würde und ich *ihn* wieder anblicken mußte. Als sei ihm nicht auszuweichen. Und Tabeas ... Tabeas, schreibe nicht: »Es entstand eine Pause«. Oder: »Man zögerte«. Denn niemand hat pausiert oder 5 gezögert. Nur ich. Denn ich tat so, als wisse ich nicht, von wem Antwort zu erwarten sei, und wußte es doch. Noch bevor ich ihn wieder ansah. Und als ich ihn ansah, da schien mir ganz und gar sinnlos, ihm überhaupt ausgewichen zu sein. Es war seltsam. Sinnlos nicht nur das Aus-10 weichen, wie ichs euch demonstriert, hier in der Höhle von hier nach hier, wo ich jetzt steh. Sondern mir war, als sei ich diesem, der vor mir stand, den Schweiß noch im Angesicht, seine Augen auf mir, *immer* ausgewichen, schon immer. Aber ich weiß, da rede ich töricht, denn ich hatte ihn ja nie 15 zuvor gesehen. Ich will euch nur das »sinnlos« beschreiben, das ich hier meine: sinnlos das Ausweichen hier in der Höhle, sinnlos die Höhle, das Leben, das mich hierher gebracht, auch die Eltern, welche in ferner Vergangenheit einmal waren, mich aufgezogen, mich angefaßt, sinnlos: als 20 hätte ich Zeit sinnlos, ziellos verbracht, umsonst. Umsonst und ⌈jetzt, in diesem Moment, da ich vor ihm stand, für eine Weile ihn sah, denn ich hielt nicht lang aus die Augen, aber die Weile lang, die eine Weile lang: hatte er alles eingeholt, was ich sinnlos verloren, und so alles Verlorene 25 eingesammelt, daß ich verstand. Verstand, *wie* alles verloren, wie so sich zerstreuen *mußte*, verloren jetzt aber und eingeholt, gesät und gestorben, ausgestreut und verdorben sein mußte, um hier zu bestehen, das ist: hier von ihm zu mir zurückgebracht und geordnet zu sein.⌉

30 Und Diastasimos sieht des Tabeas hilflosen Blick, der wohl fragt: was denn jetzt aufzuschreiben sei? Denn Tabeas will es dem Alten recht machen und ihn bei Laune halten.

– Notiere dir, Tabeas, einfach »sinnlos«. Denn ihr braucht
es gleich wieder. Es war ja, wie ihr wißt, alles sinnlos. Aber
unvergeßlich. Mir jedenfalls. Dabei hatte der Mann noch
kein Wort gesprochen.

– Und jetzt? 5

– Auch jetzt: kein Wort, sondern er faßt mich an. So.

Und seine Rechte packt seine linke Schulter.

– Wie ichs mir von euch gewünscht! sagt er zu ihnen. Und
winkt ihnen ab. Wiederholt aber von neuem die Geste und
packt, härter noch, seine Schulter. 10

– *So*, versteht ihr? faßt er mich, den Aussätzigen, an. Ohne
Furcht, ja eigentlich – denn er *brach ein*, so fühlt sich das
an: Einer *bricht in dich ein*! – eigentlich unverfroren. Denn
das war unerlebt, lange Jahre lang unerlebt. Denn ab und
zu waren welche gekommen, Neugierige, selten genug, 15
oder einer hatte mir etwas zu essen gebracht, aber immer
auf Abstand, grad so wie ihr. Und das ist schon nah, wie ich
euch ja gesagt, das ist schon mutig. Aber niemand wie er,
der mich anfaßt. Grad so, als verneine er unverschämt,
woran ich die Jahre geglaubt: den Aussatz, der meinen 20
Körper besitzt. Als sagt er in *einer* Bewegung – denn so
erfuhr ichs –: »Du *Tor*. Denn ich bin gekommen, dich von
deiner Krankheit zu erlösen.«

– Das hat er gesagt?

– Das war *das*! 25

Und wiederholt nochmals das Anpacken der Schulter.

Immer noch schweigen

– Gesagt hatte er noch nichts. Aber was hast du, Tabeas,
wenn du nur schreibst: »Er faßte ihn an?« Hast du: »Du
Tor«? Denn *das* hat er gemeint. Und ganz unverächtlich,
versteht ihr? Als würde er sagen: »Du Unverständiger«,
oder besser: »Du Kind.« Denn er meinte: »Du kannst nicht
verstehen, Kind, noch nicht verstehen.« Ja, das ist es. Das
war: »Du Tor.« Ihr versteht. Worte waren das nicht. Sondern Taten. Das mußt du festhalten, Tabeas.

Und Tabeas seufzt. Diastasimos aber besteht darauf:

– Oder dein Zeugnis ist nichts wert.

– Das wird Thomas entscheiden, sagt Andreas, seinen Begleiter verteidigend.

– Was für ein mächtiger Mann, dieser Thomas!

– Ich habe notiert, beschwichtigt Tabeas den Alten.

– Ich gebe euch alles genau, weil ihr verstehen sollt, wie ich
doch aufbegehren mußt gegen einen solchen. Der kommt,
als gäb es den Tod nicht, all das nicht, was man Jahre ge-
fürchtet und weshalb die andern mich bannen, ja mich, wie
ihr wohl wißt, gesteinigt hätten, wäre ich damals entdeckt
worden im Hof des Tempels. Denn für die war ich Tod, und
wer mit mir in Berührung kommt, der wird sein wie ich und
verbannt sein wie ich und ausgewiesen, und jedenfalls nie
mehr angefaßt von Lebendigen. ⌐Und dieser bricht durch
und will mich, der ich bin, ja wenigstens noch am Leben
bin, will mich brechen.⌐ So fühlt ich, denn er war machtvoll
und kam in seiner Macht. Ich aber sprach: »Rühr mich
nicht an, Meister. Weißt du nicht, wer ich bin und daß mein
Körper unrein ist?« Und er spricht nicht, läßt aber los, weil
ich mich unter der Hand ihm weggewunden habe, ihn zu

schonen, so gebe ich vor. Als sei *er* der Tor, versteht ihr? Ich geb ihm den »Tor« zurück, sage, indem ich mich unter der Hand wegwinde: »Du Tor, willst du meine Krankheit, den aussätzigen Körper?« Sags aber nicht, aber habe getan, habe *gehandelt*. Sondern was, Tabeas – erinnere mich doch – was habe ich zu ihm gesagt, gemäß deiner Notiz?

Und Tabeas liest und weiß schon, es wird nicht genügen:

– »Meister, mein Körper ist unrein.«

– Wirklich? Habe ich so gesagt? Hast du mein »Rühr mich nicht an?« – Nicht? Schick es voraus, dann hast du in etwa, was ich gesagt. Weiter: Ich sage: »Wollt ihr mich heilen?« Und wieder lenke ich ab von ihm, seh auf die anderen, wie seine Kraft leugnend, als sei die Macht nur in ihnen als Dreiheit, als hätte ich ihn allein nicht verstanden. Und kam diese Antwort von ihm: »So will es mein Vater.« Ich aber sehe ihn an, spreche: »Deine Gefährten hier nennen dich Jesus. Wer ist denn dein Vater, daß er mich will heilen, und wie hat er dir übertragen solche Kraft?« Ihr wißt vielleicht, was er sagte, ihr ahnt es. Er nannte »Gott« seinen Vater. »Derselbe, dem sie den Tempel gebaut in Jerusalem?« Und er bejaht. »Dann bist du hier falsch«, sage ich und spür wieder Leben in mir, denn es schießt durch die Adern mir mit Erinnrung: Erinnerung an mein Kriechen und mein Verzweifeln und Niedergetretensein, an meine Entdeckung jenes Morgens am Wassertrog vor dem Haus, als ich die Sichel wusch und die Kinder hörte und Augenblicke später den ältesten Sohn gesehn hätt, neun Jahre alt, der gewohnt war, vom Haken neben der Tür zu holen das Kleid, es aber nicht brachte, weil jenes Morgens ihm der Vater, das war *ich*, war zuvorgekommen. Denn er war gezwungen, sich vor allen, auch den Seinen, jetzt zu verstecken, der Vater. *Das*, und die Erniedrigung, die maßlose Angst jenes Mor-

gens und der Aufbruch tags darauf, das Hinziehn nach der
Stadt, das ständig-verfolgte Prüfen, der Wahnsinn, wenn
ich sah oder zu sehen glaubte: der Aussatz greift um sich.
Und das Hoffen auf IHN, diesen Gott, der mich doch kei-
5 nen Grund hatte zu strafen, und das Geschlagenwerden im
Hof, und das Gesicht des Soldaten, der mir aufriß mit seiner Peitsche den Rücken und – haßerfüllt wiederum und
erhitzt über die Entdeckung des Aussätzigen ihm zu Füßen,
und also um auszustampfen das Ungeziefer, die Pest – nie-
10 derjagt auf mich sein handumgriffenes Schwert. All das, in
meinen Adern, versteht ihr, all das *jetzt*. Denn all das hatte
doch gesehen, geprüft und gewollt jener Gott, von dem er,
Jesus, sprach und in dessen Namen er mich jetzt heilen
wollte. »Du bist nicht von IHM, denn ER will mich nicht.
15 *So* will ER mich, siehst du, dein Gott!« schrei ich ihn an
und will ihm zeigen die aussätzige Haut unterm Tuch, hier
an der Schulter, links hier, wo er mich angefaßt hatte. »Wie
kann ich dem glauben, der Menschen so zeichnet – und
grundlos.« Das sage ich nicht, sondern will handeln, will
20 *zeigen*. Da sagt dieser Jesus: »Zeig aber nicht mir, Diastasimos. Denn du willst nicht von mir, was zu geben ist. Sondern wer hat dich gesehn?« Ich aber sah ihn fragend an und
verstand nicht. Da spricht er wieder: ⌐»Zeig dem, mit dem
dus geteilt.⌐ Geh zu ihm, laß dich heilen.« Und draußen
25 begann Regen zu fallen, leichter als heut, nur eben ein Netz
über den Staub hin. Und er wandte sich, um zu gehen.
Judas aber stand am Eingang der Höhle und schaute dem
Regen zu. Und das Land roch nach Regen. Und doch be-
stürzt, daß er schon geht, will ichs nicht. Denn ich hatte ihn
30 nicht verstanden, sag: »Mit wem habe ich geteilt, Meister?« Und er setzt sich in die Hocke, vor mir, hinausblik-
kend auf den Regen, und es scheint mir: er genießt, ist zufrieden. Denn es war schön, die beregnete Nachtluft zu
atmen. Da spricht er im Gleichnis: ⌐»Zwei sahen aus ihrer
35 Höhle⌐ in einer Nacht. Drinnen brannt aber kein Feuer,

denn sie kannten ihre Höhle und benötigten nicht des
Lichts. Da kommt Regen. Auch Donner ist fernher zu hören. Dunkel liegt vor ihnen das Land, das sie, wie sies tags
wohl kannten, auch als nachtbeschattetes noch immer zu
kennen glauben. Sie sehen, und sehens doch nicht. Das sind 5
die Teilenden. Sie sind sich einig, denn sie haben gesehn. Da
bricht durch das Dunkel ein Blitz, reißt durch Himmel und
Land. Hellt auf jedes, das ist. Der Blitz aber wird die teilen,
die sehen. Und sie werden sich sehnen nach Licht und in der
Nacht nicht finden.« Nachdem er aber so gesprochen 10
hatte, stand er auf. Ich war hier, schaut, eigentlich nah bei
den Dreien. Ich hatte ihn nicht verstanden: Wer sollte der
andere sein, der die Höhle teilte mit mir, wo ich doch al-
lezeit hier allein gelebt? Wie war das zu verstehen? Und
teils schämte ich mich – denn in seinem Wort, wie es aus- 15
gesprochen war, sang es und kannte kein Hindernis – teils
hielt ich dafür, daß er höhnte meinen Unglauben, das ist:
meine Unfähigkeit noch zu glauben. Und ich sagte zu ihm:

Ehrentitel jüd.
Gesetzeslehrer

»Rabbi«*, denn so hatte ich Johannes und andere von ihm
sprechen gehört, »höhnst du mich? Weil du mich nicht hei- 20
len konntest, oder ich nicht einsah den Grund, dem Heil zu
vertrauen? Zürnst du mir, daß du den Weg bist umsonst
gekommen?« »Meinst du«, sagt er da, »ich hätte nicht gewußt, daß dein Unglaube groß ist und daß du so zu mir
sprechen wirst und mich abweisen? Und dennoch bin ich 25
gekommen. Nah wie ich vor dir stehe, kann ich dir nicht
helfen. Denn ich ziehe weiter nach Bethanien und Jerusalem. Dort soll sichs erfüllen.« Ich ließ aber nicht los:
»Wenn du wußtest, wie mir mit Gott nicht ist beizukommen, auch daß sonst kein böser Geist in mir ist, den es gält 30
auszutreiben, warum kamst du?« Er sagt: »Der mit dir
teilt, der ist in dir. Mit ihm teilst du dich.« Johannes aber,
der war hinaus, denn er glaubte fern in der Nacht ein Feuer
zu sehen, in der Richtung hoch nach Bethanien. Und fragte
mich: »Wo ist jenes Feuer, Diastasimos, nach deiner Mei- 35

nung?« Und ich sahs und wußte, was es war. Denn ich
hatte euch doch gesagt, daß ich wußte, wie sie ihn zu fangen suchten. Und doch verriet ich nichts weiter dem Jünger, sagte nur: »Gar nicht so weit, Johannes, liegt das
5 Feuer, das du da siehst. Wo euer Weg von Jericho herauf
nach Jerusalem sich verzweigt hin nach Bethanien, da werdet ihr auf das Feuer treffen.«

Und Tabeas fragt:

– Du hast ihnen nicht gesagt, wer dort lagert? Denn, wenn
10 ich dich richtig verstehe, wußtest du, daß diese ihn fangen
wollten.

– Ich habe Johannes gefragt: »Wieviele seid ihr?« Der Rest
der Zwölf, zu dem sie jetzt wieder hinabwollten, sagte er,
sei unten gelagert, nahe dem Weg.

15 Und auch Andreas fragt:

– Immer noch sprachst du nicht, wovon du doch wußtest?

– Ich sagte: »Auf die Zwölf und den Einen wartet man dort
um das Feuer, Johannes.« Ich war aber selbst verwundert
20 darüber, daß ichs ihn wissen ließ. Denn ich hatte euch
schon gesagt, wie wenig mich kümmert, was unten bei den
andern geschieht. Ich hörte mich sagen: »Da lagert die
Wache. Vier Mann und ein römischer Hauptmann. Nachts
brennt ihr Feuer. Die werden euren Herrn halten, damit er
25 nicht nach Bethanien, nicht zu den Euren kommt, vom
Volk bestaunt wird und Unruhe schafft. Abführen wird
man ihn, bei Nacht und Nebel in die Stadt schaffen und
Urteil fällen über den Anführer, ihn zu vernichten.« Und
Jesus schaut zu mir auf, antwortet: »Wieviel Zeit gibst du

uns, Diastasimos? Und gibst du sie mir aus Sorge um mich?« Ich sage: »Ich hab euch gewarnt.« Da überkommt Johannes die Angst, denn er ist ängstlich um seinen Herrn. Und wohl auch um sich, denke ich. Er sagt: »Herr, laß uns vom Weg gehen, und wir wollen versuchen, die Wache dort zu umgehen.« Und sein Herr: »Warum fürchtest du dich, Johannes, und sagst, wir sollen nicht diesen Weg gehen, den wir bis hierher gekommen sind und weiter, wohin er uns führt? Es erwartet uns diese Wache und will uns prüfen, ob wirs sind oder nicht, und ob ich bei euch bin oder nicht.« Johannes aber wollte umgehen. Sein Herr sprach: »Weißt du nicht: hinter der Wache, im Land, sind wieder andere, die auch auf uns warten und werden uns ungeprüft nicht ziehen lassen. Sind aber wir einmal geprüft vom Hauptmann der Wache, dann lassen uns auch die andern passieren.« Und Johannes, beruhigt in der Rede, bleibt unruhig außer ihr, ich sah es ihm an. Nur der Judas bleibt ruhig und rechnet. Schlägt vor: man teile sich auf. Sollten die, die jetzt unten am Wege warteten, den Dreien vorausgehen, auf daß sie sich durch die Zahl nicht verrieten, denn die Wache erwarte doch Zwölfe und Einen. Und Johannes, als er diesen Plan hört, faßt Mut und berührt seinen Herrn, am Ellenbogen, so, als wolle er sagen: »Jetzt bist du sicher, Herr. Denn wir lassen nicht zu, daß sie auch nur ein Haar dir krümmen.« Und geht alsdann hinab, die andern vorauszuschicken. Jesus aber schwieg. Und ich gehe zur Seite und sage zu Judas: »Du hast ihnen wohl geraten. Aber dennoch. Was, wenn einer bei der Wache ist, der ihn kennt? Dein Herr hat doch vor ihnen geredet in Jerusalem, und kennen ihn manche.« »Er hat recht«, spricht Judas zum Meister. »Deshalb, Herr, gewähr mir die Bitte und geh mit Johannes und mir, aber hinter uns, als seiest du unser Knecht. Denn dann wird man dich kaum beachten.« Und Jesus spricht zu mir: »Willst du uns also gehen lassen?« »Nein«, sag ich jetzt, wie herausgefordert von ihm. »Ihr habt nicht alles bedacht. Denn sie werden euch fragen: »Wozu dient dieser Knecht, der da hinter euch geht? Laßt ihn uns sehen.« Und da muß er kenntlich sein ihnen aufs erste als Knecht, und als was für ein Knecht, überlegts

5 euch.« Und da sieht er mich an, wie vorhin, und deutet hierher. Da lag ein Balken Holz, Rest eines Stamms, aus dem ich, als mir die Hände noch besser dienten, einst eine Leiter geschlagen, was übrig war aber zur Schwelle bestimmt hatte. Später ließ meine Kraft, und unbehauen ließ

10 ich ihn liegen. Jesus sagte: »Laß mich tragen die Schwelle, die du in deine Wohnung einzulegen versäumt hast.« Ich gebe sie ihm, sage aber: »Es ist aber teures Holz«, und sag es zu Judas. Da hat Judas mich bezahlt, und ich gab ihm noch einige Lumpen dazu, daß dem Meister das Holz nicht

15 schnitt in die Schultern. Gabs und ließ sie gehen.

Und wieder hat er sie schweigen gemacht. Denn seine Besucher hatten die Rede wie vor Augen gesehen, aber seltsam. Und Tabeas will sich bei Andreas versichern:

– Hat dir Thomas je Ähnliches erzählt?

20 – Weder habe ich von einer Wache gehört vor Bethanien noch daß unser Herr dem Johannes und Judas wäre als Knecht hinterhergegangen, die Wache zu täuschen.

– Ihr zweifelt mich an? Es klingt euch zu ungereimt, fehlt Euch die Ründung?

25 – Nein, sondern wir danken dir, Alter, spricht Tabeas. Zu Thomas werden wirs bringen und ihm alles berichten. Johannes kann noch befragt werden, und es fällt ihm vielleicht noch ein, denn du hast ihm, sollte er es vergessen haben, alles wieder frisch ins Gedächtnis gerufen. Wir dan-

30 ken dir für dein Zeugnis.

– Gut. Dann frage ich euch: wovon hab ich gezeugt?

– Du hast uns erzählt, antwortet Andreas, wie du den Herrn erlebt und erinnert hast.

– Hab ich vom Herrn gezeugt?

– Allerdings, Diastasimos, in großer Ausführlichkeit, sagt 5
Tabeas und macht sich daran aufzustehen. Und ebenso Andreas. Da ruft ihnen der Alte zu:

– Wartet: Denn euer Herr, wie hat er Zeugnis gegeben, als er noch unter euch war?

– Wie meinst du? fragt Andreas. 10

– War sein Zeugnis, als er unter den Zwölfen weilte, nicht, daß er von seinem Vater gesprochen und gemäß diesem in Seinem Namen geheilt?

– So war sein Zeugnis.

– Ist es auch heute noch? 15

– Auch heute noch.

– Noch eines muß ich sicherstellen: Ihr habt ihn nie selbst gesehen, oder?

Und Andreas antwortet für beide:

– Woher weißt du das? Aber wir wollens nicht leugnen. 20
Thomas aber und Johannes, Simon Petrus und Jakobus, der Bruder des Herrn, die haben uns für ihn gewonnen und für seine Lehre. Denn er lebt jetzt in uns.

– Also zeugt ihr von ihm?

– Das tun wir.

– Auch jetzt, da er nicht mehr unter euch weilt und am Kreuz starb, wie ich höre, und ihr ihn nie selbst gesehen?

5 – Ja, das weißt du doch.

– Und zeugt von ihm, wie er von seinem Vater gezeugt hat?

– Ebenso, spricht Andreas. Komm, Tabeas, laß uns gehen. Wir haben noch …

10 Diastasimos unterbricht, hält sie auf:

– Also durch Taten? Denn er zeugte durch Taten, sagtet ihr doch.

– Worauf willst du hinaus, Diastasimos? fragt Tabeas.

– Ich bitte euch noch einmal: Zeugt mir von ihm, heilt 15 mich! Oder glaubt ihr nicht an ihn? An sein Tun und die Macht seines Tuns? An sein »In-euch-Leben«, von dem ihr mir quasselt? Warum versucht ihr euch nicht, wo der Herr, wie sie euch sagen, gefehlt hat, versagt hat? Und tut Größeres noch als er? Denn hat ers euch nicht so prophezeit? 20 Und hat er denen, die an ihn glauben und in seinem Namen zeugen, nicht diese Macht gegeben?

– Du weißt nicht, wovon du sprichst, sagt Andreas.

– Nicht mal die Macht, euch zu versuchen? Auch die soll euch nicht gegeben sein? *Versucht* doch! Denn er hat doch ebenso getan, obwohl er von meinem Unglauben wußte. Denn wie könnt ihr zeugen von ihm, ohne euch zu versuchen? Wenn ihr euch nicht an sein Zeugnis wagt, seine Taten, wovon zeugt ihr dann?

– Du versündigst dich, Alter, wenn ... 5

– Ich versündige mich? Davon versteht ihr was! Also über die Sünden hinaus, die ich schon angehäuft habe? Seis! Ich versündige mich vor dem, der sich an mir hier versündigt. Denn wenn er mich nicht geheilt hat, sondern mich immer nur wieder besucht in Menschen wie euch, mir *die* schickt, 10 die angeblich so von ihm »zeugen« und so wenig vermögen als er und so schwach sind wie er und lahm an den Händen, ohnmächtig im Herzen, nur die ⌜Strafe einmauern, Steine aufhäufen in mir und außer mir, mich also abgeschlossen von allem und allen in dieser Welt aus dieser Welt verdam- 15 men⌝: was soll ich dann mit ihm, mit seinen göttlichen Schwächlingen?

Ganz entsetzt sind die beiden, weil er ihnen so wütend nachsetzt, und wünschen, sie wären ihn los und schon auf dem Weg. 20

– Immer wieder ereiferst du dich ...

– Für wen wohl? unterbricht den Andreas der Alte.

– ... und beleidigst uns, die wir in Frieden kamen. Warum schiltst du unsere Unerfahrenheit? Wie sollen wir dir antworten oder heilen den unser Herr nicht geheilt? Wir wer- 25 den Petrus bitten, nach dir zu sehen. Er soll entscheiden.

– »Petrus«*? Wer kann das schon sein! Er ist ja nicht hier. Und nicht in denen, die er gelehrt. Und Der nicht in denen,

Apostel Simon, von Jesus »Petrus« (= Fels) genannt (Joh 1,42)

von Dem er doch lehrt. Aber tröstet euch: Die nach euch kommen, werden sich in gleicher Weise entschuldigen. Von Jahr zu Jahr wird die »Unerfahrenheit«, auf die ihr euch da beruft, größer werden, denn der als Herr euch gelebt hat und starb, wird ferner euch sein. Auch diese Jünger, die ihn noch kannten, und deren Gedächtnis schon nachläßt, werden dann nicht mehr sein. Aber die Zeit dazwischen, die wird euch trösten, wie ihr euch tröstet und mich zu vertrösten sucht. Und was bleibt dann übrig vom Zeugnis?

– Vielleicht, Diastasimos, ein klein wenig von dem du uns heute nacht berichtet, sagt Tabeas und steht zusammen mit Andreas auf.

– Ihr Beruhiger und Schmeichler! Ihr brecht schon auf? Noch in der Nacht wollt ihr euch aufmachen? Ihr seid, das sollte euch trösten, wenigstens darin wie euer Herr. Schon zum zweiten Mal wollt ihr gehen, wenn ich Tabeas Aufforderung zu Beginn eures Besuches mitzähle.

Und Diastasimos steht ebenfalls auf und geht ihnen voraus zum Eingang der Höhle, sagt:

– Ich sehe, es regnet nicht mehr. Wartet, wartet … Ich will euch noch eine Fackel mitgeben.

Und läuft zurück, macht sich zu schaffen und bringt heran, aus dem hinteren Teil der Höhle, die Fackel. Und zukommend auf sie, sagt er:

– Aber ich verstehe euch schon: besser im Dunkeln getappt, als mit dem Aussätzigen Bett und Höhle geteilt. – Da fällt mir noch ein: Ihr wißt nicht zufällig, wie den Zweien und eurem Herrn unten geschah bei der Wache? Ob ihn der Hauptmann verdächtigt hat?

– Wir sagten doch schon: Von der Wache sprichst du als erster, sagt Tabeas und will die Fackel greifen, sie im Feuer entzünden.

– Auch vom Hauptmann? fragt der Alte und gibt ihm die Fackel noch nicht. 5

– Wie soll ich wissen, wen du meinst? Welchen Hauptmann? Er soll einem römischen Hauptmann einst den Diener gerettet haben. Aber Genaues gibt es darüber nicht. Er soll, Tage vor seiner Kreuzigung, von einem Hauptmann umarmt worden sein. Aber ob das derselbe, oder ein an- 10 derer, oder Gerücht ist, weiß man nicht. Und außer Johannes und Judas war wohl niemand dabei in jener Nacht.

– Jedenfalls ist sicher, daß sie Bethanien erreichten, sagt Andreas. Ob noch in derselben Nacht, oder aber am nächsten Tag, kann ich nicht sagen. Aber daß du sagst, Judas war 15 dabei, fand ich vorhin schon seltsam, auch jetzt noch.

– Warum denn?

– In Bethanien, so hat mir mal ein Vertrauter des Johannes erzählt – ob man ihm allerdings vertrauen kann, weiß ich nicht, denn er hatte es auch von einem anderen, der soll 20 dabeigewesen sein ...

– Was denn? fragt Tabeas seinen Begleiter.

– Es soll in Bethanien geschehn sein, eben kurz vor dem Passah – aber ob es das Passah, von dem wir grade sprachen, war, weiß ich nicht ... 25

Und auch Diastasimos wird ungeduldig, treibt ihn an:

– Also, was weißt du denn nun? Raus damit!

– In Bethanien, sagt Andreas, soll es gewesen sein, daß ⌐Johannes vor dem Judas kniete und ihm die Füße wusch⌐. Und einer hats gesehn. Der soll ihn gefragt haben: »Wie kommt der Sohn des Iskariot zu solcher Ehre?«

– Und? Wie denn? fragt Tabeas.

– Und Johannes soll nicht geantwortet haben. Auch Judas, der es dem Johannes dankte, hat es nie wieder erwähnt.

– Das ist sehr unwahrscheinlich, meint da Tabeas. Denn er war doch nicht sonderlich beliebt, eher von den anderen heimlich verachtet.

– Ich erwähnte es nur, weil es in Bethanien geschah und sein könnte, daß solches, wenn es sich tatsächlich ereignet hat, nach dem Besuch bei dir, Diastasimos, geschah. Denn *du* sagst, es seien Johannes und Judas gewesen, die sonst nie zusammen genannt werden.

– Ihr wißt also weder davon noch von dem Hauptmann und jener Wache etwas Genaues?

– Nein, sagt Andreas. Aber nun gib dich zufrieden.

– Ich aber!

– Was?

– Ich war dabei! ruft der Alte.

III

– Dabei?

– Ich war dabei, spricht Diastasimos.

Und Andreas bezweifelt es sofort, glaubt, er wolle nur halten:

– Du willst uns glauben machen, daß sie dich mitziehn
ließen und ...

– Ach was! Hätt ich mich in Gefahr gebracht, wie sie?
Erinner dich: ich hatte die Drei gewarnt! Nicht mitgezogen
bin ich ...

– Und warst doch dabei? fragt Tabeas ungläubig.

– Dabei und nicht dabei, sagt der Alte.

– Wir gehen, Tabeas, und werden von dem er uns heut
nacht erzählt dem Thomas mit *Vorsicht*, Stück für Stück
nur, zu verstehen geben. Denn ganz auf einmal kann das
niemand schlucken.

– Klug, kluger Junge. Ich hatte mirs so gedacht. Ihr wart
auch hier, bei mir: dabei und nicht dabei.

– »Dabei und nicht dabei«, was meinst du? sagt Tabeas,
der das Dunkle in der Rede des Alten nicht länger zulassen
will.

– Jetzt beschwert ihr euch, daß ich euch nicht von Anfang
an das Maul gestopft. Erst muß verwirrt sein, verworren

sich im Altgelernten nicht mehr kennen, der etwas finden will. Denn hat euer Herr nicht gesagt: ⌐»Lasset den, der sucht, nicht aufhören zu suchen: als bis er findet. Und wenn er findet, verstört wird er sein. Wenn aber verstört: tauchts
5 in ihm auf staunend: wird herrschen über All?«⌐

– Was sollen wir denn finden? fragt ihn Tabeas.

– In das Dabei-Und-Nicht-Dabei könnt ihr mir folgen, wenn ihr wollt. Wenn euch die Finsternis und diese Fackel nicht lieber sind. Denn um mir zu folgen, müßt ihr nur
10 hierbleiben und braucht der Fackel nicht. Denn wir kennen uns ja.

– *Kennen* uns ja? meint Andreas spöttisch. Du bist gut. Also, sag schon, was hast du noch, wenn du sagst, daß du dabei und nicht dabei warst?

15 – Setzt euch doch.

Und Tabeas setzt sich. Andreas aber, den Diastasimos mitleidig betrachtet, bleibt stehen.

– Ich höre dich auch im Stehen.

Und Diastasimos bläst ins Feuer und hält die Hände drü-
20 ber, denn es ist kälter geworden. Und läßt sie ein wenig warten, bis auch Andreas Platz nimmt. Und der Alte beginnt:

– Dabei war ich und nicht dabei, denn ich bin den Dreien nicht mitgezogen. ⌐Aber weil der Wunsch mich bedrängte
25 zu wissen, was ihnen, soweit ichs beobachten könnt, widerfahren würde, vielleicht auch – ich leugne es nicht – weil ich den Mann, der mich so großartig heilen wollte, der die

Vermessenheit besaß, mich über meinen Zustand zu belehren, als sähe ich nicht, sondern teilte meine Höhle hier mit Unsichtbaren und Geistern – lächerlich! ... weil ich ihn also durchaus wollte bestraft sehen und von der Wache in die Mangel genommen für seine Frechheit, die er recht gut, muß ich sagen, mit selbstbewußter Freundlichkeit und jenem dunklen Rede-Glanz zu verbrämen wußte, wie ichs euch *wörtlich* berichte ... wissend, daß alles nur allzu unwörtlich wird weitergegeben werden ... weil ich diesen Allzusicheren wollte unsicher sehen vor den Männern des Schwerts ... und dann auch – mir unverständlich und widersprechend meinen sonstigen Gründen – weil ich sehen wollt, ob er als »Knecht« würde passieren, der Herr – so bin ich mit. Denn etwas in mir stritt und heischte – wider die Lust, Bestrafung zu sehen – daß es ihm wirklich gelänge und er ungesehen bliebe und den Seinen erhalten.

– Wie also willst du beobachtet haben? fragt ihn Andreas.

– Von fern, und doch: nahe genug. Denn kaum waren die Drei den Berg hinab abgezogen, bin ich, seitwärts voran, den Bergeskamm entlang. Und habe, nach einigem Auf und Ab, einigen mühsamen Umwegen, schließlich den Berg erreicht, zu dessen Fuß die Wache sich um das Feuer lagerte. Es waren aber zwei Feuer, gute zehn Schritt entfernt voneinander, und hatten nur aus der Ferne wie eins geleuchtet. Und etwa in dieser Haltung, derart: die Brust an den Stein, lag ich und sah vorsichtig vornüber hinab. Und unten schlugen die Stimmen der Männer so an die Felsplatten der Anhöhe, daß sich der Sinn davon durchaus hinaufschlich zu mir. Und ich dachte noch: einen solchen Weg, diesen Umweg, den ich hierher gekommen, hätten sie auch nehmen sollen, um sicher zu sein, und vielleicht haben sie ihn doch noch genommen, sind dem Rat und Willen des Jo-

hannes gefolgt. Und ich dacht: vielleicht hat dich der Umweg hierher zu spät kommen lassen, Diastasimos, und sind
alle schon durch. Denn ich konnte aus dem, was die unten
sagten, nicht ersehen, ob schon welche gekommen waren.
5 Aber dann sah ich die Wachen aufspringen, alle vier, und
vom Feuer weg in den Weg eilen und welche erwarten. Und
dann kamen einige, die ich nicht kannte. Und ich zählte sie.
Und waren zehn. Und die Wachen sahen die Männer und
zogen sie her und hielten sie. Der Hauptmann der Wache
10 aber blieb sitzen und schwieg, und ich hatte ihn nicht reden
gehört. Denn er saß von seinen Soldaten entfernt, nah am
Berg, den Fels im Rücken, vor dem anderen Feuer, und
hatte noch einen bei sich. Dieser Andere aber flüsterte ihm
zu und stand auf und ging zwischen die Feuer und näherte
15 sich den Zehn. Und waren aufgestellt von den Soldaten der
Wache, daß jeder einzeln würde zu mustern sein. Und dieser Andere schreitet sie ab, und als er sie der Reihe nach
abgeschritten, kehrt er zum Feuer zurück, und stellt sich
vors Feuer, wärmt sich die Hände und blickt hinab zu dem
20 Hauptmann und schüttelt den Kopf. Denn den sie abpas-
sen sollten, der war nicht dabei. Und ohne aufzustehen, ja
selbst ohne aufzublicken, befahl der römische Hauptmann
den Syrern*, die Männer gehen zu lassen. Und die aus der
Nacht ins Licht der Feuer geholt worden waren: die zogen
25 davon. Aber links ab, wie ich zu erkennen glaubte. Denn
dorthin lief ihnen zunächst eine der Wachen nach, kam
aber später zurück. Also sind die Zehn in Richtung Bethanien weiter, und ich stimme mit eurem Bericht, wie ihr
mir vorhin erzählt habt, daß sie nämlich nächsten Tags in
30 Bethanien bei ihren Freunden waren, ganz überein.

– Und eben doch nicht ganz, meint Andreas. Denn auch
Jesus, Johannes und Judas waren dort, wie berichtet wird.

* Söldner aus
der röm.
Provinz Syrien
(seit 64
v. Chr.)

– Nicht aber, wie *ich* berichte. Denn hört und seht: Einige
Zeit war vergangen, und ich brach auf im Glauben, man
habe Johannes Rat befolgt und umgangen. Da kam Be-
wegung in diese Wachen, die müde geworden waren am
Feuer und schlapp, und rafften sich auf, angeherrscht vom
Hauptmann, der es zuerst gesehen, daß hier welche kamen.
Und kamen, wie vorher die anderen, aus dem Dunkel der
Straße ans Licht dieser Feuer. Und standen zwischen den
Feuern, gezwungenermaßen, im Licht, denn man wollte sie
sehen. Und ich sah hinab auf die, Judas und Johannes, die
ich vor Beginn noch der Nacht hatte kennengelernt und in
der Nacht vor dem Feuer gewarnt und der Wache. Und sah
von hier oben, was die andern noch nicht bemerkt: daß
hinter Johannes und Judas, gute zehn Schritte, im Halb-
dunkel der Knecht ging, das schwere Holz auf den Schultern und also, gezwungenermaßen, Haupt und Augen ab-
wärts gerichtet, vornübergebeugt. Und stillestand jetzt, als
sie stillestanden, im selben Abstand, in dem er ihnen gefolgt. Und der Hauptmann stand auf, seinen breiten ge-
panzerten Rücken zu mir, und schritt vor zwischen die
Feuer und herrschte sie an: »Näher, kommt näher heran!«
Und dann, ich hörte ihn gut: »Wen habt ihr denn da noch?«
Und Johannes sprach: »Hauptmann, wen meinst du?«
»Den dort hinter euch!« schreit er schon wütend. Und hieß
sie auseinanderweichen, um jenen dritten vorzulassen in
ihre Mitte. Und wieder sah ich sie Platz machen und in ihre
Mitte treten den Jesus. Da sah ich aber, daß man ihm die
Lumpen, die ich Judas hatte hinzugegeben, umgelegt hatte
wie ein recht schäbiges Überkleid, und war sein altes dar-
unter nicht zu sehen. »Gehört der denn nicht zu euch?«
spricht der Hauptmann. Und Johannes schaut auf den Jesus und fragt scheinheilig: »Du meinst diesen hier, unseren
Knecht?« Und der Hauptmann weist hinter sie in die Richtung, aus der sie gekommen: »Habt ihr noch mehr von der
Sorte, die hinter euch herziehen?« »Nein, wir kamen al-

lein«, antwortet Johannes. »Und gehört ihr nicht zu jenen,
die hier, gar nicht lange ist es her, vorbeizogen, zehn an der
Zahl?« Und wieder sagt Johannes: »Wir kamen allein.«
Und da seh ich, wie der Andere, der vorhin die Zehn hatte
5 gemustert, aufsteht, auch etwas müde, sich die Glieder
reibt, denn es war kalt geworden – wie jetzt bei uns – und
nach dem Regen die Luft feucht noch und kalt. Und näherte sich langsam der Gruppe zwischen den Feuern, halb
hinsehend aber nur. Und näherte sich dem Hauptmann
10 von hinten, ihm über die Schulter sehend, spähend, wer
denn da vor ihm stehe. Und so kam jener heran. Ganz nah,
sich immerzu die Hände reibend. »Ihr versteckt also niemanden sonst und seid nur zu dritt?« hörte ich den Hauptmann fragen. Und Johannes bejahte. Und ich sah den An-
15 dern, der sich an das Leder des Hauptmanns gelehnt hatte:
ihm zusprechen, und hörte darauf den Hauptmann fragen:
»Ihr seid doch Juden und wohin unterwegs?« Und Johannes: »Wir haben uns verspätet und kommen herauf von
Jericho. Bethanien liegt nahe, aber nach Jerusalem werden
20 wir ziehen, wie viele von uns dieser Tage, das Passah zu
begehen im Tempel des Herrn.« »Nicht Unruhe zu stiften
also?« fragt der Hauptmann und lacht. Und Johannes:
»Das Fest zu feiern, das versichere ich dir.« »Was laßt ihr
denn da von Jericho hier herauftragen, das es in der Stadt
25 nicht gäbe und transportiert werden müßte bei Nacht und
Nebel, hinter euch her von jenem Knecht?« »Ein seltenes
Holz, Herr, gemessen und zugehauen für das Haus, welches dieser Tage vollendet wird, und man wartet auf uns.«
Und dem Hauptmann wurde, nachdem dies gesagt worden
30 war, wieder zugeflüstert vom Anderen, der bei ihm am
Feuer gesessen und ihm vorhin schläfrig nachgegangen
war, jetzt aber war der hellwach. Und ging nach dem Flüstern einige Schritte abseits, sich entfernend vom Hauptmann, und auf Johannes zu, und ich sah, wie er den Johan-
35 nes betrachtete, aber nicht die Miene verzog, auch nicht so,

als hätte er den, den er suchte, gefunden, auch nicht, als
verdächtige er ihn. Aber weil nicht aus seinem Gesicht zu
lesen war, schien er mir und wohl auch dem Johannes und
Judas bedrohlich. Und in der Stille, die jetzt eingetreten
war, sah ich ihn stelzen, immer betrachtend und ohne die
Augen zu schließen und hörte ihn sagen: »Das Holz, ja ...«
und wie bei sich murmeln: »Ach, das Holz, ja ...« und
dabei zusteuernd auf den Mann in der Mitte, den sie den
Knecht genannt und der das Holz trug und dessen Augen,
gezwungenermaßen, abgewandt waren, dem Boden zu,
denn die Last lag ihm immer noch auf den Schultern, und
hatte sie nicht abgesetzt. »Das teure Holz ...« murmelte
aber der Andere und reckte jetzt seinen Arm und die Hand
und streckte sie hoch-bis-an und berührte das Holz auf den
Schultern, ja gerade noch mit den Spitzen der Finger es
antastend, und fuhr daran entlang einen kleinen Strich, wie
um es zu prüfen. Und verschwand auch, es prüfend, und
ich meinte: ohne den Knecht zu berühren, hinter dem Rük-
ken des Knechts. Und schmatzte mehrere Male sattsam-
gefällig, ich meinte: wohl das Holz so betrachtend und
seine Form so billigend, denn es war, wie ich euch sagte,
teures Holz und herrlich zugeschnitten und nicht überall zu
finden. Aber die Last prüfend – ich sahs erst, als er die
Runde gemacht um das Holz und die Schultern, die dieses
Holz trugen, und wieder erschien – *da* sah ich, daß er nicht
nur das Holz geprüft, sondern vielmehr den Träger, und an
den Schultern vorbei ihm und in die Knie sich leicht sen-
kend, ja wie einem Kind in die Augen zu blicken auf gleicher Höh: ihm jetzt aufs Gesicht zu sah, seinen Kopf etwas
beugend zur Seite, der Neigung des Kopfes des Trägers so
anzugleichen die prüfenden Augen. Und richtete sich fast
ebensobald wieder auf, aus der Hocke aufschnellend und
seufzend, als sei all dies anstrengend und mühsam und un-
nütz gewesen und Teil seiner alltäglichen Arbeit und nie-
mandem solche Arbeit zu wünschen, schon gar nicht bei

Nacht. Und seinen Rundgang beendete er an Judas vorbei und kehrte zum Hauptmann zurück und rieb sich die Hände, als sei es ihm auf der Schattenseite der Männer, die er geprüft, wieder zu kalt geworden. Und schüttelte nicht
5 den Kopf und ging nicht zum Feuer zurück, sondern stellte sich hinter den Hauptmann, wie vorhin, gerade so. Da spricht der Hauptmann – denn während des Prüfens müssen doch zwischen ihm und dem Prüfer hin- und hergegangen sein Zeichen, die aber mir nicht bemerkbar waren –
10 spricht der Hauptmann und hat seine Meinung von ihnen geändert, sagt: »Ihr habt nicht die Wahrheit gesprochen, ihr Leute. Ihr seid doch von den Jüngern des Volksaufhetzers, den sie Jesus nennen, und der behauptet zu sein über dem Caesar und die Juden aufwiegelt mit seinen Reden.
15 Oder wollt ihr hier leugnen?« Der Johannes, ihr Wortführer, aber will nicht und gesteht, und ich höre ihn sagen: »Wir sinds und haben es nie geleugnet. Aber unser Herr hetzt niemanden auf und setzt sich nicht über den Caesar und vergleicht sich nicht.« Und da seh ich den Anderen
20 flüstern ins Ohr des Hauptmanns und den Hauptmann höre ich fragen: »Wo ist euer Herr, wir haben Befehl ihn zu fassen, denn es besteht Anklage gegen ihn.« Und Johannes spricht nicht und auch nicht Judas. »Wollt ihr nicht sprechen, dann nehmen wir euch alle mit, noch diese Nacht,
25 und, glaubt mir, an ganz andere Feuer*. An denen werdet ihr alle reden und alles sagen, wonach wir auch fragen. Also, wo ist den ihr den Christus nennt, wie sie mir sagen? Wo ist der Messias, wenn er, wie ihr verkündet, gekommen ist?« Und wieder spricht Johannes: »Wenn du weißt, an
30 wen wir glauben, und weißt, daß wir glauben, der Messias ist gekommen, dann weißt du, daß eine neue Zeit angebrochen ist für uns und für alle, die leben und glauben. Und wenn du nach ihm fragst und ihn suchst, wird er dich willkommen heißen. Denn er hat auch von den Heiden will-
35 kommen geheißen und von ihnen geheilt und unter denen,

Androhung
von Folter

die an ihn glauben, ist auch ein römischer Hauptmann wie du.« Da fährt ihn der Hauptmann an: »Du weichst mir aus, Jud. Wo ist er? Wo ist euer Anführer? Wo haltet ihr ihn versteckt?« Und Johannes: »Wir halten ihn nicht versteckt.« Da lacht der Hauptmann, ich höre ihn, und sehe noch seine breiten Schultern lachen, und der Andere wendet sich ab und grinst und ebenso schnell, flink wie ein Vogel, kehrt er zurück und ist ganz Ohr, schwillt auf hinter dem Hauptmann mit jeder Silbe der Drohung, die dieser jetzt ausstößt: »Ihr Jesus Anhänger, wenn euch euer Leben lieb ist, sagt uns jetzt, wo er steckt, dieser Jesus, dieser … Gottessohn, wie mein Berater mich unterrichtet, daß er sich nennt, euren jüdischen Gott damit lästernd. Denn er kennt sich aus mit euch und euren Lehren, mein Berater, und durchschaut jede Lüge.« Da spricht Johannes, und die Angst steht ihm im Gesicht, und auch Judas sehe ich an die Angst, aber anders, im ganzen Körper hat dieser Angst, jener nur im Gesicht, als beträf es die Worte nur und die Antwort, also Wahl seiner Worte, und als sei damit abzuwenden das Übel und zu bestehen die Prüfung. Judas aber, wie gesagt, schien sie am ganzen Körper, mit jeder Faser zu fürchten, und ich meinte, ihn zittern zu sehen. Und Jesus stand zwischen ihnen, wortlos und gedrückt von der Last. Und ich meinte, ich sah ihn wanken, als er einmal das Gewicht des Balkens verschob und die Wache ihn anfuhr, weil er stille zu stehen hatte und sich, wie die anderen, nicht bewegen durfte. Also sprach Johannes, die Angst im Gesicht, zum Hauptmann: »Wenn dein Berater uns kennt, dann weiß er auch, wie sehr wir lieben den Herrn, unsern Meister, und ich, meinerseits, liebe ihn mehr als mein Leben. Und wenn mir mein Leben wert ist, wie du sagst, ist Er mir doch lieber, und wenn du meinst, daß ich Ihn verraten könnte: nicht um mein Leben.« Und da fuhr das Lachen in sie ein zweites Mal, und der Hauptmann sagte: »Was gibt er dir denn, du Soldat deines Herrn, daß du für ihn dein

Leben gibst ... und große Worte, wie ich meinen will.« Und
Johannes, dem die Angst kürzt den Atem, spricht: »Er vergibt mir die Sünden und vermacht mir das Leben auf Ewig-
keit.« »Was sind das für Sünden, von denen du sprichst?«
5 Und Johannes will antworten, sieht aber den Hauptmann
abwenden sein Gesicht, abwenden, und nicht ganz hinüber
zu Judas, sondern nur die Hälfte des Wegs zwischen den
Feuern, zu dem in der Mitte, also dem Knecht. Und der
Hauptmann schaut dorthin, angestachelt dorthin zu
10 schaun von seinem Berater, dem Andern, der längst dorthin, zum Knecht, und seit langem unter Johannes Worten
nur *ihn*, diesen Knecht, betrachtet und längst nicht mehr
ihn prüft, sondern geprüft *hat* und nunmehr befunden.
Und während Johannes die Antwort spricht, blickt der
15 Hauptmann auf Jesus schon, hört derweil von Johannes:
»Was sind das für Sünden, Hauptmann, fragst du, der du
mich einen Soldaten nennst. Denn wenn wir Soldaten sind,
ist zwischen uns ein Unterschied? Und deine Sünden von
meinen verschieden?« Da kommt der Hauptmann noch
20 einmal auf den Johannes zurück, blickt ihn an, sagt: »Was
siehst du in deinen, die dir von meinen nicht so verschieden
scheinen?« »Ich sehe«, sagt Johannes und läßt ihn nicht
aus den Augen dabei, ⌐»ich seh die Vergessenen, die sie
gebären, so lang sie vergessen sich dünken. Dann aber er-
25 innert sie Einer und straft sie nicht ihres Vergessens, weil sie
vergessen waren. Sondern vergibt und holt die Verlorenen
zu sich und erinnert sie alle.«⌐ Da steht still der Hauptmann, ruhig vor dem Johannes, wenige Schritte vor ihm
und sagt: »Wie verschieden wir sind, Jude, und wie du mich
30 sehen würdest, wenn du mich kenntest. Sag aber, wer ist
der Eine, von dem du im Gleichnis gesprochen?« »Es ist der
Herr, den seine Jünger lieben und glauben an ihn: Jesus, der
Sohn Gottes.« Da sieht ihn der Hauptmann an und zögert
und wendet sich doch nochmals um, eher der Mitte zu, und
35 Jesus ansehend sagt er, meint aber den Johannes: »Und den

ihr so liebt, diesen Gottessohn und Vergeber der Sünden, den versteckt ihr nicht vor uns und belügt uns nicht?« Und Johannes leugnet beides: ihn zu verstecken und Seinetwegen gelogen zu haben. Da flüstert der Berater dem Hauptmann ein drittes Mal ein und deutet auf Jesus. Spricht der Hauptmann, immer noch hin auf Jesus blickend, aber wie zu Johannes: »Und wenn einer nun mir weisen könnte diesen Meister, daß ihr ihn nämlich versteckt haltet und mich allerdings belogen habt, und selbst Meister seid in manchem, nur nicht in der Wahrheit, wie ihr verbreitet, wie dann?« Und ⌈Johannes leugnet abermals, vielleicht ein drittes Mal,⌉ wenn ihrs zählet, aber wer hat Zeit zu zählen, denn hier scheint schon gerichtet. Und der Hauptmann macht einen Schritt zu auf Jesus, angestachelt dorthin von seinem Berater, und das Wort, scheint es, bereit haltend – denn er hat ihn erkannt – das Wort, seinen Namen, den ihm der Andre genannt. Denn der kannte ihn, wie auch Johannes gleich befürchtet haben muß. Und da diese Furcht jetzt wahr wird, scheint mir Johannes, wie um eine letzte Bitte vor dem Hauptmann zu tun, auf die Knie sinken zu wollen, um das Leben seines Herrn, der hier, das ist allen klar, erkannt worden war, zu retten. Und ich seh ihn schon auf die Knie fallen wollen, die Augen flehentlich auf den Hauptmann gerichtet, die eigene Autorität, die ihm sein Glauben verschaffte, mit einem Mal gleichwie abstreifend, um Gnade zu flehen. Da geschieht, nur Schritte entfernt vom Johannes, den also niemand beachtet: was hier *jeder* beachtet und nie mehr vergißt. Hört also her und seht also her. Denn der Knecht, im Augenblick da der Hauptmann den Schritt auf ihn zu macht: schwankt. Und im Versuch, auszugleichen die Last auf den Schultern, kippt der Balken seitlich streifend die Schulter herab und donnert zu Boden und reißt ihn halb nieder, so daß er aufs Knie fällt und taumelt. Und jeder ist noch erschrocken, denn es ist dies gerade geschehen, ⌈da reißt Judas,⌉ der bisher nichts gesagt

siehe Petrus)

noch getan, einer der bei ihm stehenden Wachen aus dem
Gürtel die römische Bleikugelpeitsche. Und schlägt damit
ein auf Jesus. Schlägt auf Jesus, dem die Last war von den
Schultern gefallen und der noch taumelte. Schlägt und
5 schlägt und schreit ihn an: »Was fällt dir ein, du? Wozu
taugst du denn, Knecht? Richtest das Teure zuschanden!
Heb es auf! Auf, du!« Und Judas drischt auf ihn ein; daß die
Fetzen fliegen. Und Jesus bricht vollends nieder, und Judas
peitscht immer noch, nur jetzt noch wütender, rasend, daß
10 dieser elende Knecht hier zusammengebrochen und dabei
das Holz ließ zuschanden kommen. Peitscht und verflucht
ihn, daß es jeder sieht und sie zurückweichen, teils um zu-
zusehen: wie die Wachen, die nicht wußten, um wen es sich
handelt und wer der Knecht war, der hier gezüchtigt
15 wurde, teils aber in Verwunderung, ja verstört über die
Wende und Wandlung: wie der Hauptmann, der diesen
Mann in der Mitte, auf den Judas gnadenlos einschlug,
noch eben entlarven, ja ihn mit Namen nennen und, wie
ihm befohlen war, in Haft nehmen wollte. Denn der
20 Hauptmann hatte nicht, aber sein Berater hatte den Jesus
erkannt und es ihm längst gesagt, wer es sei, und sie hatten
ihr Spiel mit ihm gehabt. Und ihr Spiel auch gehabt mit
Johannes, der seinen Herrn zu verteidigen suchte mit Worten und zu verstecken, jetzt aber wie gelähmt zusah dem
25 Judas und als einziger, wie gelähmt, nicht zurückgewichen
war, als der erste Hieb treffend hinwanken ließ und der
zweite und dritte dann niederstreckte den Herrn. Und den
Hauptmann, der zusah, rührte es an, denn er wußte wohl:
das ist ihr Herr und Meister, den der eine liebt über sein
30 Leben und hätte sein Leben gelassen für ihn. Und hätte ihm
nichts genützt, denn ich hätte den »Knecht« doch gefan-
gengenommen, wie mir befohlen war. – Und ich konnte
sehn, wie der Hauptmann dastand und dachte: Was geschieht aber hier, daß dieser das Leben seines Herrn, des
35 angeblichen Gottessohnes, so anders liebt, daß ers fast tot-

peitscht vor meinen Augen, nur um es doch noch, wie eben
das eines Knechtes, zu retten? Denn jeder Schlag soll auch
mich treffen, mir sagen: »Hier liegt nur der Knecht, der

das Getragene

fallen ließ seine Tracht*. Achte ihn weiter nicht, laß *ihn* hier
liegen, wenn du auch uns wirst abführen, überzeugt, daß   5
wir zu den Jüngern des Jesus gehören, so achte doch nicht
dieses Geringsten, unseres Knechts.« – So hat der Hauptmann gedacht und war bewegt von solch gotteserbärmli-
cher, äußerster Liebe des Juden. Denn als Römer durchschaut er den Haß des Judas wie einer, dem solcher Haß   10
selbst befohlen ist und der ihn andern befiehlt und befohlen
hat und über anderen damit lebt. Denn wie irrsinnig und
verzweifelt-groß muß diese GottesLiebe sein, konnt ich ihn
denken hören, daß, ihn zu retten, ihren Gott sie als Knecht
vor mich werfen und ihren Heiligsten peitschen wie einen   15
Hund? Und ich weiß, so hat er gedacht, denn im nächsten
Moment schreitet er zu⌐: zwei, drei mächtige Schritte, und
reißt aus der Scheide sein Schwert mit der Rechten und
droht Judas so: einzuhalten sofort! Und Judas, wie abwe-
send schaut er auf zu dem Hauptmann, als sei er erst jetzt   20
überhaupt anderer gewahr geworden, und brüllt noch ein
letztes Mal an den zu Boden Liegenden: »Hebst dus nun
auf?!« Aber der Hauptmann fährt auf mit der Linken, ent-
reißt dem Judas das wirrgehauene Peitschenbündel. Und es
klirren und klicken, müd und dunkel-verklebt, die ins Peit-   25
schenleder geflochtenen Kugeln, wie der Römer sie breit-
beinig stillehält, nah vor dem niedergeschlagenen Jesus,
auf ihn hinabschauend jetzt, ich seh es selbst noch genau.
Denn jetzt läßt er fallen – noch weiß ich nicht, warum – läßt
fallen zu Boden die reißende Peitsch und das handumgrif-   30
fene Schwert und, ⌐als springe etwas vom Geschlagenen auf
an ihm hoch, weicht er – hoch ans Gesicht zieht er die
Händ – weicht aus vor wem? Vor dem, der da liegt. Und
jetzt seh ichs, seh ich den Menschen. Wo die Peitschenku-
geln ihm aufgeteilt hatten das Kleid, meine Lumpen, da   35

war auch die Haut geteilt und war blutig. Und war, unters Blut, auf das Bloße des freigerissenen Körpers gemischt: Aussatz. Und viel! Und war übervoll sein Körper mit Aussatz. Und war *davor* zurückgewichen der Hauptmann?
5 Denn jetzt hört ich mich fragen und fragte mich selbst. Den ich dort liegen sah, dort unten, befleckt und geschlagen und hochsichwindend in Schmerz und in Todesangst: der war nicht nur wie ich an Aussatz, sondern der *war* ich, Diastasimos. Und *den* Diastasimos, den aussätzigen Juden
10 im Tempel, *den* hatte der Hauptmann erkannt und war zurückgewichen vor ihm, und im gleichen Moment, denn jetzt erfahrt ihrs, da erkannt ich den Hauptmann: als den einst in jüdischen Kleidern versteckten Soldat des Pilatus, der mit der Peitsche mich niedergerissen im Tempel, voll
15 Abscheu an mir den Aussatz gesehn und mit handumgriffenem Schwert hinabhieb zu mir, daß ich ende. Und endete. Aber jetzt, hier, hier im Zurückweichen, Erkennen, Entsetzen, hier beginnt alles erst! Denn nicht nur vor mir, Jesus, dem Mann auf dem Boden, dem aussätzigen Diasta-
20 simos, war der Hauptmann gewichen. Sondern immer noch vor dem Ausgepeitschten, dem Gott, der ihn sehen ließ, wie er getan und was er vergessen, und mit wem er geteilt hat, ohne zu wissen, und mit wem *ich* geteilt hatte, ohne zu wissen. Und der Gott, der da lag wie ich einst, zog
25 ihn an mit großer Kraft. Zog ihn an, daß er auswich nicht mehr, sondern stehenblieb, dieser Hauptmann, angezogen wie ein Verlorener. So daß er schließlich nicht länger stehenblieb, sondern erinnernd zuschritt, auf den Aussätzigen zu, bis ganz vor ihn hin, und dort stehenblieb abermals und
30 niedersah auf mich mit seinen Augen. Und dann, ungeheuerlich, mit seinen Händen griff unter die Achseln des Aussätzigen und ihn aufrichtete und mich aufhob, daß ich dort oben, auf jener Anhöhe, in vermeintlicher Sicherheit, mit jeder Faser in mir ihn spürte, und seinen Atem atmen
35 konnte, als er mich richtete und hoch mich aufhob vor ihm.

Und aufgerichtet sah ich den Hauptmann umarmen den
aufgehobenen Knecht und Aussätzigen, den Jesus-und-
Diastasimos, beide in eins erinnert, und sah ihn, den
Hauptmann, in der Umarmung, umarmt werden vom
Knecht und Jesus, dem mit Aussatz befleckten, und tief   5
fuhr da in mich wie deren Arme ineinander waren gefah-
ren: *diese* Umarmung, die eine und einzige, wahre. Die
schien mir alles zu sein und sprach zu mir klar. Denn wie
ich oben mich stehend fand, wie erhoben, so auch: geheilt.
Geheilt! Könnt ihrs ermessen? Geheilt!! Und wie verrückt   10
riß ich mir die Kleider vom Leib und hielt mir die dunklen
Arme, Brust, Beine vor Augen, und fühlte sie tastend, und
war unaufhaltsam jeder Strich meiner Hand, Strich meiner
Hände, denn glatt und rein war mein Leib, und ich sah ihn
glänzen im Aufschein der Feuer von unten. Und sah, was   15
ich erfahrend in eins geglaubt, daß die Umarmung des
Hauptmanns mich reinigte, und daß der so-umarmt-Wie-
derumarmende dem Soldaten vergab, und der Knechtgott
mir dadurch bewies, wie wir fernhin heilen und fernhin
geheiligt werden, durch solche Umarmung, auch wider   20
Willen. ⌐ Denn seht, ich war ja wider meinen Willen geheilt,
und ließ ab als Jesus, noch in der Höhle, nah an mir war,
und kam viel näher noch: als er fern, und als ich neugierig
ihm und ungläubig-versuchend ihm zusah von oben. Aber
wie endlich? Und wozu? Und wovon ist aber dies Wunder   25
ein Gleichnis? Denn es schien mir ein Gleichnis, viel weniger aber ein Wunder. Ein Gleichnis auf ihn und auf uns.
Meint ihr nicht? Aber ich sehe, ihr habts immer noch nicht
begriffen und wollts nicht glauben. Und doch hatte ich
euch gesagt, wie versteckt ich vor euch sei. Aber ihr wißt es,   30
ja ahnt es immer noch nicht. Ich seh, wie ihr zweifelt, und
höre euch denken: »Meingott ... was will er uns jetzt noch
weismachen? Keinen Deut hat man uns davon bei den Jüngern erzählt und er will uns in *einer* Nacht glauben machen, daß ...« Ja, ihr wißt gar nicht was, ihr habt keine   35

Worte dafür, und aufgeschrieben, sehe ich, hast du nichts, Tabeas. Aber, wenn dus behältst, ja selbst nur für *dich* aufbewahrst und nur dir, wars tausendmal mehr als die Schrift, die niemand erlebt mehr. Also, nun kommt schon,

5 wollt ihr die Probe nicht machen, ihr Zweifler? Denn die steht sicher noch aus, werdet ihr sagen. Aber habt ihr den Mut? Wagt ihrs, mich zu versuchen, und euch endlich an mir? Oder glaubt ihr, der Alte hat euch genarrt und hält euch zum Narren und war nie geheilt, »wo es Jesus doch

10 selbst versucht«, und befällt euch mit Aussatz, scheußlich, sobald ihr ihn anrührt zur Probe?

IV

Es sind aber Tabeas und Andreas verstört und entsetzt. Sind unsicher, sich und des Orts und des Mannes, der ihnen gesprochen. Und so sagts Andreas:

– Wir wissen nicht, was wir antworten sollen, Diastasimos. Verstehst du das nicht? Gib uns Zeit.

Tabeas aber, der sonst still gehalten, auch sonst still hielt seinen Begleiter, spricht verletzt und gekränkt:

– Warum hättest du uns zum Narren gehalten? frage ich dich. Denn das hast du doch, indem du bis jetzt uns dies alles verschwiegst und uns, wohl möglich, auch jetzt noch zum Narren hältst, da du darauf bestehst, daß wirs auf einmal schlucken und mit Haut und Haar glauben.

Spricht Diastasimos:

– Ausreden, ewige Ausreden. Aber wenigstens haust jetzt der Zweifel in euch, »ob nicht doch ...«. Ausreden sinds, seht ihr nicht? Ausreden! Vor der Tat und den Taten, vor dem *Erleben* des Glaubens, das euch im Schreiben und Aufnotieren verloren geht und an das ihr mit euren Buchstaben werdet niemand erinnern, in keiner Zeit. Genau das solltet ihr lernen und war gut, daß du aufgehört hast zu notieren, Tabeas, und für andere und Thomas festzuhalten statt zu *erfahren*. Heilung aber erfährt man, und schreibt sich nicht, sondern handelt, wird ausgeübt, das ist: geübt, und nicht innen, sondern draußen. Das ist es, habt ihrs begriffen? Das ist ein Teil davon. Das andere aber ist Gleichnis. Denn jetzt ist Er nicht mehr, schon nicht mehr, und wir alle sehn von oben herab in den Zeitenbrunnen.

Und was zeigt sich, wer zeigt sich in zunehmender Ferne dort unten, wie hoch die Anhöhe auch sein mag, aus der wir hinabblicken? Denn, sagte Er nicht von dort unten: »Diastasimos, finde Deinen Mörder, nämlich den, der dich aussätzig sah und zuschlug?« Und was sagt er dann, ganz in der Ferne? Er sagt unzweifelhaft: »Deinen Mörder umarme, und befreie den Attentäter, der auf dich lauern muß, und entlaß ihn in deiner Umarmung, und wo ich nicht bin mehr leibhaftig und in Person, da bin ich dein Feind, dem du nicht vergeben hast, den du unumarmt und vergessen gelassen in dir. Und teilst mit ihm unfrei dein Leben, ohne zu wissen, und also auch ohne daß einer dich kennt.« – Also, wer glaubt mir, wer wagts mir zu glauben? Na?! Hier, reißt die Lumpen von mir, faßt mich an!

Und er faßt an, reißt, zerrt, sie herausfordernd, an seinen Lumpen. Andreas und Tabeas aber wagen es nicht. Und Diastasimos lacht sie an und steht auf und geht fort, nach hinten ins Dunkle der Höhle, und ist bald nur noch schemenhaft sichtbar, der Alte. Und setzt er sich dort? Man meint es. Und hört man ihn murmeln? Man meint doch. Denn so hört man, sieht man ihn: sitzend und murmelnd dort, ab und zu. Leis und für sich und im Dunkeln. Und in sich versunken? Ja, wie in sich versunken. So scheint es den beiden.

Da nimmt Tabeas die Fackel, die Diastasimos ihnen gebracht, und hält sie ins Feuer, entzündet das Pech und erhebt sich. Und erhobener Fackel geht er ihm nach ins Dunkel und entdeckt dort den Alten: an einem Wassertrog sitzend und nackt und den Rücken zu Tabeas.

Und Diastasimos wäscht sich das rußverschmutzte Gesicht, da bemerkt er den Schein der Fackel und dreht sich halb um, aber hält sich geblendet die Hand vors Gesicht.

Und Tabeas, der das Licht über ihn hält, sieht. Völlig rein, rein und fast weiß ist die Haut des Alten. Und Tabeas schaudert, da er sieht, und steht zitternd, spricht leis:

– Andreas. Komm her ...

Und Tabeas rührt an den Alten. Ganz sacht. Und der friert unterm Anfassen des Jungen. Scheint aber zu genießen, auch daß er so zaghaft berührt.

– Andreas!... ruft Tabeas. Und aus dem Dunkel das Echo: Andreas! Und Tabeas schreit: Andreas! Er ist vollkommen geheilt, vollkommen, er hat uns die Wahrheit gesagt!

Und weil niemand kommt, rennt Tabeas zurück zum Bruder und stößt ihn vor und leuchtet ihm mit der Fackel und kommt abermals zu Diastasimos, kommen beide. Und Tabeas hält dem Andreas, der immer noch zögert, die Hand an Diastasimos Rücken. Und Andreas sieht und fühlt auch, wie eben noch Tabeas. Und der Alte spürt ihre Hände. Und spricht:

– Na, glaubt ihr jetzt, ist es euch recht so?

– Laß uns gehn, Diastasimos, laß uns gehen! sagt Andreas.

Und Tabeas stimmt zu, denn was für ein Fund! Also sagt er:

– Denn, du verstehst doch, das *muß* den Brüdern berichtet sein, das muß ihnen vorgeführt und erzählt werden, dies Wunder, und beendet werden die Meinung, daß Diastasimos nicht geheilt. Sondern *dir* nacherzählt, wie er geheilt und wie dir geschehen, wie dir ergangen ist.

Und verärgert, noch zu sich selbst, spricht der Alte:

– Großer Gott, wollen sie jetzt wieder gehn? Jetzt wollen
sie wieder gehn, weil sie nicht warten können, die »gute
Nachricht«* anderen zu verkünden. Ja warum, glaubt ihr
5 eigentlich, hat man euch zu mir geschickt? Denn Thomas
und Simon wissen von mir. Ihr aber wollt schon ein drittes
Mal gehen, denn ich habs gezählt. Aber wie kann ich euch
halten?

Und jetzt fast besorgt um ihn, als um ein Kind, fragt Ta-
10 beas, denn er versteht nicht, warum der Alte sich immer
noch grämt und kindisch darauf beharrt, sie zu halten:

– Wie meinst du denn, Diastasimos? Willst du die Freude
nicht teilen mit andern?

Und wirklich scheint ohne Einsehen der Alte und spricht:

15 – Ich sage: wie kann ich euch halten, denn ihr habt mir
noch nichts gegeben von euch, und ihr habt noch zu geben
von euch, wie ich euch eben von mir gegeben. Denn ich
habe mein Gelübde, zu schweigen, gebrochen. Denn es ist
Zeit. Ihr aber denkt nur ans forttragen.

20 Da fragt ihn Andreas, lächelnd – denn mit welchem Sieg
werden sie jetzt davonziehn, schon bald! – doch nicht ohne
Mitleid für den, dem sie abgerungen das Geständnis:

– Was können wir dir geben, Alter, um dir unsere Dank-
barkeit zu beweisen? Denn wir haben durch dich erkannt.

25 Und Diastasimos beharrt, rauh und kauzig, und scheint
immer noch zürnen zu wollen:

Dt. für:
Evangelium

– Noch *gar nichts* erkennt ihr und beginnt erst und wollt schon gehen.

Und nochmals und immer noch freudig – denn leicht nimmt er jetzt dessen Zorn – fragt Andreas den Mann:

– Also, Alter, was ist zu geben? So nenn mirs doch!   5

Da sagt dieser, immer noch sitzend an seinem Wasser, und sagts ohne hinzuschaun:

– Geh, hol mir mein Kleid, du, den sie Andreas nennen.

⌜Und Andreas ging zum Eingang der Höhle, wo das Kleid hing. Es hing aber hoch. Und er muß hochspringen, von der   10
Erde hoch. Und ausgereckter Hand zweimal versuchen, bis er es unbeschadet vom Nagel hebt, das dritte Mal, und in Händen hält. Ja, in Händen hält. Und da erst, noch abgewandt vom Alten, das Kleid aber in Händen, und das Springen noch in den Gliedern, erkennt er ihn: dem das   15
Kleid gehört. Und erinnert, wer früher so sprang, als Neunjähriger nämlich, am Eingang des Hauses, das Kleid zu holen dem Vater.⌝

Und sein Bruder, den die Griechen Tabeas nennen und der dies aufgeschrieben, der hat es auch so gesehen und hat   20
verstanden den Weg und erkannt den Vater: neu beginnend am Wasser, wo sie sich einst getrennt.

Und scheint ein Licht jetzt auf ihm. Wie ein Licht, wo es dunkel war. Und als Andreas und ich bei ihm stehn, hebt aus des Wassertrogs kleinem Teich der Alte die Sichel. Und   25
siehe, sie ⌜glänzt⌝.

Anhang

Rainer Weiss
Der Autor, der aus Kurosawas Regen kam
Ein Gespräch mit Patrick Roth über seine
Christusnovelle *Riverside*

Einleitung

Patrick Roth hat im Herbst 1991 sein zweites Buch veröf-
fentlicht: *Riverside*. Nach *Die Wachsamen*, einer 1990
erschienenen Sammlung mit Monodramen, ist *Riverside*
Patrick Roths erste Prosa. Eine Novelle, eine »Christusnovelle«, so der Untertitel.
Der Autor, 1953 in Freiburg geboren, ging als junger Stu-
dent nach Amerika, um seiner Leidenschaft, dem Film, so
nahe wie möglich zu sein, um dort – im Lande der »mo-
vies« – zu lernen: in Bildern erzählen zu lernen. Und ist, fast
15 Jahre ist das her, dort geblieben, hat inzwischen zwei
Drehbücher und Theaterstücke sowie Hörspiele geschrieben, die alle auch in Deutschland gesendet wurden, nahezu
alle in eigener Regie.
Ein untypischer deutscher Autor also. Ein Eigenwilliger –
eigenwillig wie sein jüngst erschienenes *Riverside*-Buch,
das ich Ihnen jetzt – in Kürze – beschreiben will.
Die Story spielt im Jahre 37 nach Christi Geburt. Zwei
junge Männer, Andreas und Tabeas, sind auf der Suche:
nach einem alten Mann, einem Aussätzigen, dem Diastasimos, der, das wissen die beiden, vor vielen Jahren eine
Begegnung mit Jesus gehabt und mit diesem gesprochen
hat. Die jungen Männer nun, die sich da wie »Detektive«
dem Alten nähern, der, völlig zurückgezogen und an
schwerstem Aussatz erkrankt, in einer Höhle lebt, versuchen, nachdem sie ihn aufgespürt haben, ihm zu entreißen,

was bei dieser seiner Begegnung mit Jesus geschah. Um dann das so Entrissene aufzuschreiben, für die Nachwelt zu »sichern«, zu »speichern«. Sie sind, kurz gesagt, die Vertreter der Schrift, durchdrungen vom modernen Geist der Aufklärung, die das Mythische durch schriftliches Fest-Halten und Weiter-Tragen erklären und damit bannen will. Also beginnen sie, im Dunkel der Höhle dem alten Aussätzigen seine Geheimnisse, sein Inneres jetzt entlocken zu wollen. Dagegen aber wehrt sich der Alte – und damit beginnt das Gespräch der drei Männer, ein dialogisches Ringen um »Wahrheit«, um das so oder so Gewesene oder Nicht-Gewesene, das am Ende, nach einer langen Nacht, Geheimnisse ans Licht bringt, an die die jungen »Sucher« anfangs gar nicht gedacht haben.

Ohne dass nun diese aufregenden Geheimnisse verraten werden dürfen, behaupte ich: *Riverside* ist ein ganz unzeitgemäß daherkommendes, in der gegenwärtigen Literaturlandschaft, in der sich weit und breit keine »Christusnovelle« aufhält, singuläres Buch. Oder auch, um mit Esther Roehr in der *Frankfurter Rundschau* zu fragen und zu antworten: »Ein paradoxales Gospel? Ein Höhlengleichnis? Beides vielleicht. Doch allem voran ein literarisches Kleinod.«

Interview

WEISS: Patrick Roth, Sie leben und arbeiten in Sherman Oaks, einem Stadtteil im Norden von Los Angeles. Inwieweit reflektieren Sie das in Ihrer Arbeit? Unmittelbar scheint dieses Sherman Oaks ja keine Rolle in *Riverside* zu spielen.

ROTH: Wissen Sie, man zieht ja an, attrahiert, egal wo

man ist, die Dinge, die Kräfte, die Welt, die einen im Innern beschäftigt, oder besser gesagt: Je intensiver man sich mit dieser Welt im Innern, sprich: mit dem Schreiben am Schreibtisch, auseinander setzt, desto gewaltiger projiziert
5 man auch diese Welt in seine Außenwelt, und desto handgreiflicher zeigt sich diese Welt, desto »wirklicher« tritt in Erscheinung, was innen gearbeitet hat, was innen, in uns, am Arbeiten war. Egal ob in Sherman Oaks oder hier, jetzt in Deutschland.

10 WEISS: Und wie sieht diese Welt aus, die Sie projizieren? Welcher Teil dieser Welt wird in Ihrer Christusnovelle »wirklich«? Was hat da, ganz allgemein, in Ihnen gearbeitet?

ROTH: Ganz konkret: In *Riverside* geht es um den Anderen,
15 den so genannten Feind, den du nicht an dich lassen darfst, geht es um ... den Mann, der dir den Tod bringt. Wir kennen solche Erscheinungen auch aus Träumen: Jemand verfolgt uns, will unseren Tod. In *Riverside* wird eine solche Situation »wirklich« ... Plötzlich, in der Menschen-
20 menge, die sich im Jahre 28 nach Christi Geburt auf dem Jerusalemer Tempelplatz im Protest gegen Pilatus versammelt hat, sieht unser Protagonist einen Mann, den er für seinen Verfolger hält und den er wiederzuerkennen glaubt ... Da stößt die Menschenmenge die beiden zufällig
25 aneinander ... Jetzt siehst du den Anderen, den du fürchtest wie nichts sonst auf der Welt, jetzt bist du ihm so nah, dass du ihn atmen hören, dass du seinen Atem spüren kannst. Du bist, das weißt du, und das weiß er, ganz nah am Tod jetzt.

30 WEISS: Und dieses – entschuldigen Sie, dass ich Sie unterbreche – dieses Bild aus dem Jahre 28 wollen Sie in Ihre Wirklichkeit projiziert haben?

ROTH: Ja ... ich bin, als ich das schrieb, überfallen worden.

35 WEISS: In Los Angeles?

ROTH: Ja, in Sherman Oaks, dem Vorort, in dem ich wohne. Ich wohne, müssen Sie sich vorstellen, in einer kleinen baumgesäumten, sonnenbeschienenen Straße mit kleinen Apartmenthäusern, stets manikürten Rasenflächen, in einer Gegend, in der es etliche wohlhabende Arbeitslose gibt, die nicht auffallen, weil sie nur morgens joggen, nie spazieren gehen und ansonsten das Auto benutzen, wenn sie zum Supermarkt fahren. Die Gegend enthält kaum Dunkel, könnte man sagen. – Gerade fällt mir ein, weil wir von Rasenflächen sprechen, manikürten dazu, die erste größere Szene in David Lynchs Film *Blue Velvet*: Erinnern Sie sich an die Szene ...?

WEISS: Nein – aber kommen wir jetzt nicht ab?

ROTH: Überhaupt nicht, überhaupt nicht ... Das Abkommen ist doch auch Thema von *Riverside* – ich meine: Was wäre die Story ohne den Umweg zur Höhle des Aussätzigen ...

WEISS: Gut. Also, wie war das in *Blue Velvet*?

ROTH: Da war die Rückseite jenes sonnenbeschienenen Bürgersteigs in meinem Sherman Oaks zu sehen ... sozusagen ... Man sah nämlich einen Mann, der auf seinem wasserbesprengten Rasen mitten in der Sonne einer amerikanischen Kleinstadt zusammenbricht ... Die Kamera fuhr sofort UNTER den Rasenboden ... hinein in eine WIMMELNDE Termitenwelt, die nur Zentimeter unterhalb des ausgestreckten Körpers begann. Hier beginnt schon – sagt dieses Bild – das Andere, Dunkle, Feindliche, das »immer unter uns arbeitet«, verstehen Sie ...

WEISS: Gewiss ...

ROTH: ... und damit komme ich auf meine Straße zurück. In Sherman Oaks ist es auch enthalten, das Andere. Ich bin nämlich an einem sonnigen Nachmittag, um 14 Uhr, hundert Schritte von meinem Haus entfernt, überfallen worden. Alles hat sich im Freien, in hellster Sonne abgespielt. Ich sah zwei Jungen, so Anfang zwanzig, einen schwarzen und einen weißen, von der anderen Straßenseite auf mich zukommen, und etwas in mir dachte gleich: »Get the hell out of here. NOW!« ... Also: »Hau ab hier, mach, dass du wegkommst!« ... Das hab ich ganz klar in mir gehört, hab aber nicht darauf gehört, sondern die Warnung sofort wegrationalisiert mit: »Was soll das, es ist doch jetzt heller Tag, das sind zwei junge Männer, die werden mich nach einer Adresse fragen wollen.« ... Dann kamen sie auf mich zu und haben mich nicht vorbeigehen lassen, haben mich eingekeilt, ganz rasch. Der eine sagt: »Können wir mit dir mal reden?« ... Ich sage nichts, will weiter. Da zieht der Schwarze, ein ganz sympathisch aussehender Junge, eine .45er Magnum, die er unter seinem Hemd versteckt hatte ... Ein ganz seltsamer Moment war das ... Ein ungeheurer Adrenalin-Ruck, weit hinaus über die angesagte Gewalt, auf die ich mich im Bruchteil einer Sekunde gefasst gemacht hatte. Die »gun« änderte alles. Ich ging etwas zurück, einen Schritt, nichts war wie vorher. Das Herz schlug mir aber im Mund, und der Weiße sieht's und sieht, dass ich durchdrehen könnte, und sagt: »Take a deep breath.« Also: Ich solle mal ruhig durchatmen. Ich habe ruhig durchgeatmet und gab ihnen dann mein Geld. Ich hatte wenig genug bei mir und sah sie, als ich ihnen das Geld reichte, auch an. Durch meine Sonnenbrille sah ich die beiden völlig unmaskierten jungen Gesichter an und dachte: »Die können sich doch ausrechnen, dass ich sie wiedererkennen werde. Wie werden sie sich wehren?« Da sagt der Weiße zu mir: »Dreh dich jetzt mal um.« – »Was?« – »Ja, umdrehen, dreh dich und geh da hinein und bleib dort stehen und dreh dich nicht um.« Und ich sehe: Er deutet auf eine der vier leerstehenden Garagen vor mir ... Und wieder, muss ich zugeben, wusste ich etwas, das ich noch nicht wissen konnte: wusste ich, dass es »okay« sein würde, dass sie nicht schießen würden. Ich ging in die offene Garage hinein und blieb stehen. Es war ganz still, völlig still. Ich dachte noch: »Beobachten sie mich jetzt?« Ich dachte: »Sie stehen da und lächeln meinen Rücken an. Ja …« Ich blickte auch, wird mir jetzt bewusst, nach unten … Komisch, nicht wahr, warum blickt man in einem solchen Moment nach unten? Ich war beschämt. Als sei ich beschämt, so von diesen anderen überrascht worden zu sein, so gar nicht und gar nie mit ihrem Kommen gerechnet zu haben. Schließlich begann ich laut zu reden: »Ist es euch so recht? Soll ich tiefer in die Garage hineinlaufen?« Und als keine Antwort kam, hab ich mich umgedreht. Niemand da, niemand mehr da. Lächerlich war das, wie ich aus der völlig leeren Garage heraustrat, auf den sonnigen Bürgersteig. Ich hab noch gedacht: »Wenn dich jetzt einer sieht, denkt er: Was macht der denn da in der leeren Garage, was kommt der denn da aus einer leeren Garage heraus?« Ich kam ja irgendwie wieder neu ins Leben, alles hatte sich verändert, innen, wo sich außen nichts verändert hatte … Da war noch die Sonne, derselbe dumme unbeteiligte Bürgersteig, sonnenbeschienen wie eh und je, da waren noch, keine zwanzig Meter entfernt, die mexikanischen Gärtner, die es gesehen haben müssen, denk ich, aber die … gar nichts sagen wollen, in Ruhe gelassen werden wollen. Drei Minuten später war ich in meiner Wohnung und sagte mir: »Jetzt lebst du schon fünfzehn Jahre in L.A., das ist dir noch nie passiert … Mit dem Leben bist du davongekommen, das war auch irgendwie immer sicher, aber jetzt ist alles doch anders.« Auch weil man sich fragt: »Warum ist das jetzt geschehen, warum ist das so abgelaufen?«

WEISS: Was heißt »warum«? Wir wissen doch, rein statistisch, dass die Anzahl solcher Verbrechen ständig steigt. Auch gewiss in der Gegend, in der Sie wohnen …

ROTH: Aber diese Statistik sagt Ihnen nichts, wenn Sie, wie ich, nach Hause kommen, gleich nach dem Überfall, und Ihnen das Buch in die Augen fällt, mit dem Sie sich seit einigen Tagen intensiv beschäftigen: In meinem Fall war's ein Buch über Hermes. Hermes, der Gott der Diebe.

WEISS: Zufall, könnte man sagen.

ROTH: Könnte man. Aber dieser Hermes war in meinem Kopf, verstehen Sie? Den ganzen Tag hatte ich an diesen Hermes gedacht, über ihn nachgedacht, diesen griechischen Gott ... den »guide« und Führer in die Unterwelt hinein, den Vermittler auch zwischen dem Hellen und dem Dunkeln.

WEISS: Dem Hellen und Dunkeln Ihrer Straße, dem Hellen und Dunkeln Ihrer *Riverside*-Story ...

ROTH: Genau. Genau ... so muss sich das vermischen, wenn man bei der Arbeit ist. Hermes ist der, der den König Priamos in der *Ilias* eines Nachts durch die feindlichen Reihen geleitet, zu seinem toten Sohn hin, Hektor. Hermes ist der, der sozusagen zwischen den Feinden, zwischen Priamos und Achill, dem Killer des Hektor, vermittelt, einen seltsamen traumhaften Frieden stiftet, den Frieden sich stiehlt, könnte man sagen, dieser Gott der Diebe. Und ich weiß, diese mythologische Figur hatte mich sehr beschäftigt. So sehr, dass sie aufzutauchen begann in meiner Welt, aus der mythischen heraus in meine Welt hinein sichtbar wurde, handgreiflich sozusagen ...

WEISS: Das war also Ihre Begegnung mit dem Anderen, mit einem »Anderen« ... Gut. Wie aber wirkt eine solche Begegnung dann auf Ihr Schreiben ein? Das würde mich interessieren, denn Sie interpretieren hier ein tatsächliches Geschehen, als sei es etwas Traumhaftes, etwas ganz und gar Unwirkliches.

ROTH: Sie sagen »Un-wirkliches«. Dabei WIRKEN solche Träume ja ungeheuerlich nach. Gerade dann, wenn wir sie nicht verstehen und sie uninterpretiert lassen, wirken sie mit voller und gefährlicher Kraft, weil ihr Inhalt unbewusst bleibt. Besser, man macht sich darüber Gedanken. Die Figur des Gottes Hermes beinhaltet für mich nämlich auch: den Wechsel, das ständige Sich-Verändern in der so genannten Liminalität, wie man die Phase des Midlife eines

Menschen bezeichnet. Mit meinen 38 bin ich an der Mid-life-Schwelle, da wird's interessant für mich ... Durch dieses Unbeständige, durch diese Welt des »twilight«, der Nacht, des Wassers, führt Hermes, man kann sich ihm anvertrauen – und doch: Trauen kann man ihm nicht ganz, denn: Er führt dich zum Andern ... Das ist kein Spiel, da musst du aufpassen, darfst nicht träumen, musst hellwach sein im Dunkeln, denn jetzt geht's um dich, geht's um das Neuland in dir. Und das, so denke ich, hat mir auch dieser Überfall bedeutet. Heute bin ich sicher, dass ich das Ereignis geradezu in meine Realität hineinprojiziert habe, eben weil ich mich mit dem Stoff, mit diesem Thema auseinander setzen, damit aber lediglich SPIELEN wollte. Da hat es gesagt: »Wenn du mit uns spielst, träume nicht, denn jetzt wird's ernst.«

WEISS: Demnach geht es in *Riverside* nicht erstrangig um »die Nächstenliebe«, wie es in einer Rezension heißt, die behauptet, dass das, worauf Sie hinauswollen, von Lesern einem »leicht verspäteten Romantizismus« zugerechnet werden könnte.

ROTH: Nein, nicht um »Nächstenliebe«. In *Riverside* geht es letztlich um die Liebe des ANDEREN, den wir abweisen und hassen, den wir raushaben wollen – das sind doch sehr aktuelle, sehr aktive Verben im Deutschland von heute –; den wir also raushaben wollen, weil wir meinen, dass er unser Tod sein wird, vor dem wir Angst haben und der vor UNS Angst hat, oder der uns töten will, bevor wir IHN töten können. Um die Findung dieses ganz Anderen geht es. Und da handelt es sich nicht nur ums Erkennen dieses Andern, dieses scheinbaren Feindes, sondern um mein Ihn-Anerkennen, Ihn-Aufnehmen: Ganz hinein muss ich ihn nehmen, verstehen, ein-verstehen – wenn ich lebe, wenn ich wirklich weiterleben will. Ich habe, um auf den Überfall zurückzukommen, diesen nicht als letztlich feindlich erfahren ... Da war noch etwas dahinter, das es, so meine ich, unbedingt zu verstehen gilt: etwas uns Widersprechendes, auf das man sich einlassen muss, wenn man weiterleben und weiterarbeiten will.

WEISS: Patrick Roth, Sie arbeiten auf ganz verschiedenen Ebenen. Sie schreiben Prosa, Drehbücher, Theaterstücke und Hörspiele, ja, Sie führen auch Regie. Wie bringen Sie diese Ebenen zusammen, oder schließen sich diese so unterschiedlichen Tätigkeiten von Zeit zu Zeit aus? – Anders gefragt: Als Sie an *Riverside* gearbeitet haben, haben Sie sich da nur mit dieser Novelle beschäftigt?

ROTH: Die Arbeit am Buch schloss andere Projekte völlig aus. Wenn mich ein Stoff packt, dann bin ich auch weg, kann nicht für andere Arbeiten da sein.

WEISS: Aber die Arbeit aus anderen Gebieten beeinflusst doch hier auch, oder? Ihre Drehbuch-, Ihre Filmarbeiten, die sprechen doch mit beim Schreiben ...

ROTH: Richtig.

WEISS: Es entsteht Szenisches bei Ihnen, fast alles, scheint mir, tendiert zum Szenischen, Ihr Schreiben ist ja ein Erzählen, das sich – zumal es in *Riverside* fast ausschließlich dialogisch ist – an einem dramatischen Aufbau orientiert, also eigentlich, auch was die Entwicklung der Spannung betrifft, wie ein Stück oder ein Film funktioniert.

ROTH: Ja, aber warum ich den Dialog als Medium des Erzählens für *Riverside* gewählt habe, hat andere Gründe. Auch ist das mit dem Einfluss meiner Film- oder Theaterarbeit aufs Schreiben nicht so zu nehmen, dass ich etwa nur szenisch denke ... Ich denke, bei mir wirken eher Bilder aus Filmen, aus Filmerinnerungen beim Schreiben mit ...

WEISS: Zum Beispiel?

ROTH: Bei *Riverside* zum Beispiel ... erinnere ich mich an ein Bild, das ganz am Anfang der Arbeit an *Riverside* oft zu sehen war. Ja eigentlich: zu spüren war. Vielleicht stammt auch aus ihm der »Regen«, der so fast unzeitgemäß-aberrichtig noch zur Passahzeit fällt im Buch ... Dem lag zugrunde ein Bild, eine Bildersequenz, die mir aus einem alten Kurosawa-Film einkam … sich irgendwie meinen Gedanken über das zu Beschreibende hinzugesellte … Kurosawas Film, sein erster übrigens, heißt *Sanshiro Sugata* … Der handelt von einem jungen Mann, der seinen Meister kennen lernt – um es mal ganz einfach zu sagen. Nach etwa zehn Minuten des Films gibt es eine Szene, da zieht der Junge seine Schuhe aus, auf der Straße, lässt sie stehen, lässt sie zurück, vielleicht als Zeichen dafür, dass er sie jetzt, da er den Meister gesehen hat, nicht mehr wird brauchen können, denn jetzt wird anders, werden andere Wege gegangen. Und jetzt geschieht das wirklich Große: Jeder andere Erzähler, völlig gleich ob Literatur oder Film sein Medium ist, jeder andere Erzähler wäre jetzt dem Meister und seinem Schüler nachgegangen, denn das sind doch die Hauptfiguren, wegen denen wird doch alles erzählt, denen muss also der Erzähler folgen … Nicht aber Kurosawa: Seine Kamera verlässt den Schüler und den Meister und lässt sich jetzt langsam auf den zwei Holzschuhen nieder … Überblendet und findet sie gleich in der Überblendung (an derselben Stelle) wieder, aber verändert jetzt – denn Zeit ist vergangen. Und dann beginnt es zu regnen, ein dichter milchweißer Kurosawa'scher Regen schraffiert das Bild, bald ist nur noch ein Schuh zu sehen, aufgeweicht vom Wetter und gebleicht jetzt und weggeworfen, zur Seite geworfen, am Straßenrand findet die Kamera ihn, nun völlig verloren, aufgefressen im Wasser, ein Hund nagt daran … Alles ist so, als sei jetzt und hier das Nebensächliche wichtig, als sei daran schon die Geschichte, und zwar: viel genauer, abzulesen … Bis Kurosawa wieder auf den Schüler überblendet, der »im Lauf der Zeit« selbst zum Meister gereift ist … also Zeit übersprungen hat. Aber nein: Er hat sie eben nicht übersprungen, nur scheinbar, denn wir haben sie ja am wichtigsten, an seinen Schuhen, Bild für Bild, im großen Detail mit-erlebt. Diese Sorge, dieses Aufmerksamsein auf das, was am Ende der Straße liegt, in Wind und Wetter, die hat mich im Zusammenhang mit *Riverside* fasziniert, und insofern habe ich mich hier durch Kurosawa inspirieren lassen: Was widerfährt dem Weggeworfenen, dem Abgelegten, dem Verlorenen, Unbeachteten, Kranken … dem Aus-sätzigen, und einer meiner Protagonisten, Diastasimos, ist ja aussätzig. Es ist der Ton des stillen, liebenden Aufmerksamseins und des Ein-Geheimnis-Witterns, den ich hier bewundert habe: Was geschieht oder geschah denn oder könnte wohl geschehen sein abseits des Weges, habe ich mich gefragt, abseits jenes letzten Gangs hinauf nach Jerusalem, vor dem allbekannten, allbebilderten »Einzug in Jerusalem«, wie war das auf dem Weg hinauf? Gab es da ein Abseits, einen Umweg, der vielleicht schon alles enthalten hat, schon alles präfiguriert hat?

WEISS: Und diesen Umweg beschreibt dann die Novelle …

ROTH: Diesen Umweg FINDET sie.

WEISS: Abseits des Weges, da liegt ein Geheimnis, sagt *Riverside*, ein Unerhörtes, könnte man sagen, das liegt im – um Sie zu zitieren – im »Kurosawa'schen Regen«, der in die Wadis der Judäischen Wüste im Jahre 28 fällt. Wie kommt man, als Deutscher, der in Amerika, mitten in Hollywood lebt, auf ein solches Thema, einen Stoff, der sozusagen die Welt der Bibel beschwört?

ROTH: Ob ich das auch in Deutschland geschrieben hätte? Ich glaube, nein. Aber für mein Nach-Amerika-Gehen gibt es ja Gründe. Amerika war ja immer mein Ziel gewesen. Somit war die, sagen wir mal: die Synthese, die große Synthese, die sich ereignen muss, wenn man als Ausländer in die Fremde geht und sich dort mit dem Land, der Kultur vermählt, diese Synthese war für mich unbedingt notwendig. Ein »Produkt« dieser deutsch-amerikanischen Synthese waren *Die Wachsamen*, mein erstes Buch, die drei Monodramen. Der Text »John« zum Beispiel brachte einen deutschen Hölderlin-Übersetzer mit einem apokalypti-schen Los Angeles zusammen, das Exil von Patmos mit dem Exil von Amerika sozusagen, und da entstand, ent-steht ein Drittes, Neues. Ein zweites solches Resultat ist die Novelle, von der wir hier sprechen, ist *Riverside*. So könnte man es generell sagen. Das Konkrete ist allerdings interes-santer. Konkret entstand *Riverside* einerseits aus solchen Bildern, Bildergeschichten, Erlebnissen, von denen ich ge-rade erzählt habe. Man sitzt später dann am Computer und arbeitet, wortwörtlich, auf Umwegen, sucht ab, was einen bewegt. Aber das ist nicht alles. Da ist immer auch eine Frau ... so würde ICH sagen, da ist immer jemand, für den man AUCH denkt und erfindet, von dem man weiß, dass dieser Mensch vielleicht bald hören wird, was da entsteht. Das ist ungeheuer wichtig für mich, dieser Erzählsituation versichert zu sein DURCH den anderen, in meinem Fall: durch eine Frau. Das Geschriebene auch so, in einer Er-zählsituation, für mich zu überprüfen: Hör ich den anderen mit, wenn ich so spreche? Ich meine: Der andere muss mit-gedacht, mitbedacht sein, nicht in jedem Satz vielleicht, aber im Gestus, den der Erzähler im Erzählen seiner Ge-schichte beschwört. Ich habe Sibylle, so hieß die deutsche Frau, die damals noch bei mir gewohnt hat, das jeden Tag Entstandene vorgelesen. Es wurde erzählt, zugehört, er-wartet ... wie bei einem Fortsetzungsroman. Und die Tat-sache, dass ich sie in Spannung halten konnte, dass ich sah, wie sehr sie sich für das Geschehen zu interessieren be-gann ... davon kam viel Kraft, meine ich. Es ist ja ganz und gar uneinschätzbar, was Menschen, die mit uns leben, möglich machen. Und wir reden immer so daher, als sei alles aus uns gekommen. Dabei kommt vieles gar nicht aus uns, bevor es nicht FÜR andere kommt.

WEISS: Entschuldigen Sie eine simple Frage: Warum ei-gentlich hat Ihre Geschichte – wenn sie schon einer Deut-schen zuerst erzählt wurde – einen amerikanischen Titel?

ROTH: Riverside, das »Flussufer«, das ist einerseits das fremde Ufer für mich, andererseits etwas uns bereits Vertrautes, so wie wir's in der englischen oder amerikanischen Sprache vorfinden: Wir kennen »riverside«, glauben zu wissen, was da in etwa angedeutet wird, und doch bleibt etwas Fremdes: Und diese Fremde zu erreichen, ist die Aufgabe der drei Protagonisten meiner Novelle. Es ist das Ufer »an dem Meer bei Tiberias«, wie Johannes gegen Ende seines Evangeliums berichtet, das Ufer, an dem Jesus steht, als er den Jüngern, die bis zum Morgengrauen in ihrem Boot nichts zu fangen vermochten, nach seinem Tode noch einmal begegnet – »aber die Jünger wussten nicht, dass es Jesus war«, heißt es da. Da erkennt ihn Johannes, und damit ist – mit diesem Erkennen – das Fremde oder der Fremde also aufgebrochen, da ist etwas Vertrautes jetzt, man könnte sich jetzt heranwagen, aber den Schritt, den Sprung – es ist ja ein Sprung ins Meer, ins noch ganz nachtgraue Wasser, stell ich mir vor –, diesen Sprung tut ein anderer, und NICHT der, der »erkannt hat« … Petrus tut den Sprung, wagt aufs Erkennen hin alles und schwimmt »riverside«, zu jenem Ufer, das in seiner Vertrautheit, in seinem angenommenen Wagnis, für uns erst werden muss, sich aus der Nacht einer Unbewusstheit dem Morgen zu herausschält und dann allerdings alles von uns fordert: Letztlich muss sich der Erste, der das Ufer erreichen will, ganz wagen. All das ist für mich »Riverside«.

WEISS: Dieser Aussätzige, der Diastasimos, einer Ihrer Protagonisten, von dem wir schon gesprochen haben, wettert gegen die Schrift und das Schreiben und die Schreiber. Er verdammt alles schriftliche Festhalten, ja, er geht sogar so weit, dass er behauptet, »Erfahrung« sei durch Schrift unmöglich. Einige Rezensenten sahen darin auch eine Medienkritik, insofern der Aussätzige sich weigert, seine Geschichte anderen anzuvertrauen, anderen, die sie dann »zweiter Hand« weitergeben könnten. Und diese Verurteilung der Schrift und des Schriftverfassens wird doch ganz offensichtlich in *Riverside* von Ihnen – einem Schriftsteller also – abgesegnet. Wie das?

ROTH: Hier liegt einer der Gründe, warum ich das Ganze dialogisch erzählen wollte, warum also sozusagen »Stimmen« zu hören, »Sprechende« zu sehen sein sollten. Ich dachte an die Verachtung Platons, die er für »Schrift« hatte, weil sie vorgibt da zu sein, vorgibt, das Unersetzbare – das Im-Augenblick-präsent-Sein – ganz zu ersetzen, ja vielleicht sogar: überflüssig zu machen. Es geht in *Riverside* aber in erster Linie um ein Erfahren, eine Erfahrung, die die Personen meiner Novelle – und der Leser auf seine Weise – machen sollten. Hier wird gesprochen, weil hier ... belauscht werden soll, weil das Jetzt, das so scheinbar Vergangene, ganz nah herangeholt werden soll: Ich höre die Stimme, sehe den Sprechenden, bin – der Einheit von Zeit, Ort, Handlung übrigens völlig entsprechend – bin ganz dabei, versäume keine Sekunde der Handlung, des Gesprochenen. Das ist ja Bedingung einer Erfahrung. Wenn ich Ihnen beispielsweise mit der Kamera einen Kartenspielertrick zeigen will, darf ich beim Zeigen nicht schneiden – sonst wissen Sie implizit gleich: Hier wird gemogelt, hier wird mit der Zeit betrogen, der legt das As auf den Tisch, weil sie's ihm »zwischen den Schnitten« so zurechtgelegt haben, da war ein Schnitt, ein Zeitsprung nämlich ... Nein, wenn ich Sie mit der Kamera hier überzeugen will, muss alles in EINEM Take, ungeschnitten hier gezeigt werden, erst dann kann man die »Erfahrung« machen, kann »überrascht« werden, erstaunt sein, das Können des Kartenspielers irgendwie anerkennen. Ich erinnere jetzt den Anfang von Tarkowskijs großem Film *Der Spiegel* ... Ein stotternder junger Mann, der kaum ein Wort herausbringen kann, wird vor der Kamera hypnotisiert, wird geheilt, wird sprechend gemacht, die Angst wird ihm »vor unseren Augen« genommen ... Das geschieht ohne

Schnitt, wird einfach »erfahren«, ganz ungeheuerlich ist das. Und so ist es auch beim Dialog: Impliziert wird ja mit dieser Form das »Du bist dabei, jetzt«, »Du hast dich nicht verspätet«, »Du erlebst mit«, die Wahrheit nämlich, inso-
5 fern sie erfahren werden kann. Den Rest dieser Absichten führt ja dann die Art und Weise, WIE gesprochen wird, aus, das heißt: Hier wird der Sprachteil wichtig. Wie wird geredet und gedacht? Das wird dann wichtig.

WEISS: Ich weiß von einigen *Riverside*-Lesern, dass Ihre
10 Sprache, Patrick Roth, einem zunächst sehr eigenwillig, höchst eigenartig, fast wunderlich vorkommt. Es ist ja keine Sprache, die einem heutigen Umgangsdeutsch, einem heutigen Dialog entspricht. Sie bedienen sich vielmehr einer, sagen wir mal, Kunst-Sprache, in der alte und neue
15 Wörter gemischt werden, in der Begriffe auftauchen, die man entweder wie aus alten Zeiten hört oder die in bestimmten Dialekten noch lebendig sind, einer Sprache, die von einem ungeheuren Rhythmus gewissermaßen untermalt und auch »gebändigt« wird. Ist diese Sprache, die
20 dann aber den Leser in die Geschichte zieht, einen Sog entfaltet und dann zum Weiterlesen »zwingt«, weil sie, wie Peter Härtling anlässlich Ihrer Novelle gesagt hat, in einem »weiter-redet« – ist diese Sprache eine »Bildung«, also etwas Ge-bildetes, das sich ihrem »Exil« verdankt, ihrem
25 Weit-weg-von-der-Heimat-Sein?

ROTH: Ich würde sagen: Sie dient hier ganz dem Text, dient hier ganz inhaltlichen Zwecken. Es soll sich ja der Leser an dieser Sprache zunächst stoßen, sie soll ja in ein Ungewohntes und Ungewöhnliches, soll ja gleich aus der
30 Alltagswelt führen und an diese eben doch noch, hie und da, blitzartig erinnern. Es sollen ja, auch auf inhaltlicher Ebene jetzt, zwei in eins erinnert werden …

WEISS: Damit spielen Sie auf die zentrale Szene des Buches an, wo eben genau das geschieht: Zwei werden eins; Dias-
35 tasimos, der geteilt war, ohne es zu wissen, wird eins, wird zum ersten Mal ganz.

ROTH: Jetzt verraten Sie mir zu viel. Sie nehmen etwas vorweg, das im Leser ja erst stattfinden soll. Ich möchte nicht, dass er von uns erfährt, was mit Diastasimos geschieht. Aber Sie haben Recht: Die Sprache in *Riverside* zeichnet auf sprachlich-formaler Ebene nach, was in der Novelle inhaltlich ausgetragen wird. Scheinbar längst vergangene, ja totgeglaubte Sprachschichten werden lebendig, ihre liegen gelassenen Kräfte werden reaktiviert ... Letztlich wird ineinander vereint, die Einigung des weit Auseinanderliegenden möglich gemacht in dieser Sprache.

WEISS: Setzt hier nicht auch die große Synthese ein, von der Sie vorhin sprachen? Sie bringen das Ihre aus Deutschland, die Sprache und deren Sprachschichten, lassen das Amerikanische dazu – und das weit Auseinanderliegende wirkt aufeinander ein.

ROTH: Darin darf man sich aber – das ist eine große Gefahr – nicht verlieren. Ich muss eben diese Welt, meine, so wie ich sie sehe, in der Synthese schaffen. Die Landschaft Palästinas zum Beispiel, die ich beschreibe: Ich war nie in Palästina, aber ... ich bin mir sicher, dass mir die in *Riverside* beschriebene Landschaft durch ein Erlebnis hier in Amerika »zufiel«. Ich sah diese Landschaft nämlich, ein paar Meilen östlich vom Death Valley. Da gibt's den so genannten »Zabriskie Point«, nach dem Antonioni übrigens seinen Film benannte: eine Landschaft wie ein in der Sonne brütendes, von seiner Schale befreites, riesiges Menschenhirn, mit engen verschlungenen Ganglien-Canyons sozusagen, die die Hügelkämme voneinander trennen. Hier könnte man durchziehen, sich verlieren und doch ewig drin leben wollen, sich also nie eigentlich für verloren halten. Man könnte immer suchen, man könnte das Suchen für das Leben halten. Alles Unwichtige wäre hier, unter solcher Sonne, in solcher Wüste weggebrannt und weg, zu Sand geblasen worden. In solcher Landschaft, einer

wasserlosen Landschaft, sah ich die Suchenden, den Andreas und Tabeas von *Riverside* … und fand dann, bei Recherchen, dass das Judäische Wüstengebirge dieser etwa
fünf Stunden von Los Angeles entfernt liegenden Landschaft ganz ähnlich ist. Auch hier, auch das muss sich der
Synthese, die alles »wörtlich« nehmen will, anbieten und
darf nicht als Zufall gewertet sein, sondern muss mit-ge-
hört werden … Dann hört man schließlich nicht nur von
der Höhle im Judäischen Wüstengebirge, einer historischen zumal, sondern kann die Canyons von »Zabriskie
Point«, heute, mitsehen …
WEISS: Gut. Aber lassen Sie mich nochmals zur Sprache
kommen, zu deren Eigenwilligkeit … Wenn Sie es sich zu
Ihrem Ziel machen, die Leser sozusagen gleichzeitig mit
den Protagonisten – den Männern, die in dieser Höhle das
Nachtgespräch beginnen – erfahren zu lassen, was sie nur
hier, in dieser Höhle, erfahren können – dann handelt es
sich doch zunächst um ein außersprachliches Phänomen.
Dann ist Ihnen das erste Hindernis doch immer die Sprache
selbst.
ROTH: Die Sprache in ihrer »Verspätetheit«, ja. Ich spreche ja immer, weil ich sage: »Du warst nicht da, also er-
zähle ich dir«, oder, oft auch spreche ich, weil ich sage:
»Ich war nicht da, als ich da war, also lass es mich wieder
zusammenzulesen versuchen … Letztlich handelt es sich
um ein »Du bist nicht in mir« oder ein »Ich bin nicht in
mir«, das ich konstatiere und das ich durch den Schreib-
oder Erzählprozess zu ändern suche. Denn nur ein Abglanz
bleibt ja dem, der sich verspätet hat, ein Abglanz der Handlung, die er gerade versäumt, die er nicht miterlebt hat. Die
Sprache aber nun, in ihrer Verspätetheit, ist nur das Zu-
schlagen der Tür, die hinter dem Zuspätgekommenen mit
Gewalt zuschlägt und ihm den Eindruck gibt, »alles sei
noch im Geschehen«, denn alles bewegt sich noch, alles
wird vom Türschlag noch gerüttelt. Aber der Türschlag ist

nur das wenige an Kraft, das dem Verspätetsein der Sprache übrig bleibt, die Illusion eines »Du bist jetzt und hier« wiederzugeben. Das Problem also ist: Wie lasse ich Sprache »gleichzeitig« werden? Und gleichzeitig muss sie sein, wenn sie an die Kraft der Erfahrung kommen soll. 5

WEISS: Und wodurch ließe sich Gleichzeitigkeit herstellen? Der ANSCHEIN von Gleichzeitigkeit wohl eher …

ROTH: Gleichzeitig, so behaupte ich, wird Sprache dann, wenn sie stört, wenn sie verstört, wenn sie einbricht oder sich einschleicht, diebisch, in uns aufgeht, heimliche Saat 10 dann, den Sprecher zunächst, den Leser zunächst vergessen macht. Nichts darf mehr für selbst-verständlich genommen werden, alles soll neu gesehen, noch einmal neu gefühlt, noch einmal neu erfahren werden … Und das geschieht nur nach einer momentanen Verwirrung. Denn nur 15 die, wie gesagt, zwingt zu einer Orientierung, »Wo bin ich hier?«, »Was gilt denn hier noch vom Alten?«, »Wo geh ich denn hier hin?« – das muss mitschwingen, das muss angesagt sein, wenn ich durch einen Text, am Text erfahren soll, meine ich. Die amerikanischen Seeleute haben einen Ter- 20 minus für diesen Erfahrungsort: Sie nennen das »dead reckoning«, wenn man auf hoher See nichts mehr sieht und dabei versucht, sich zu orientieren: Wo bin ich? Alles ist mir fremd, das vertraute Land, auf das ich mich beziehen könnte, ist nicht mehr, ich sehe es nicht mehr … Da be- 25 ginnt das »dead reckoning«, ein Aus-dem-Toten-Sich-Herausrechnen, wie ich's hier übersetzen würde, eine Bewusstwerdung des Standpunkts, auch wenn man dann feststellen sollte: Nirgends ist Land, die Sonne ist nicht zu sehen, ich muss durchhalten. 30

WEISS: Weil wir gerade beim »Rechnen«, beim »reckoning« sind, beim Messen und Nachmessen und Spekulieren: Der erste Satz und der letzte Satz Ihrer Novelle *Riverside* enthalten jeweils vier Worte. Der letzte Abschnitt des Buchs – vier letzte Sätze. Die ersten vier Sätze wiederum 35 stellen die vier Elemente vor: Erde, Wasser, Feuer, Luft …

ROTH: Ja, ja, die »Vier«, damit wird in dieser Novelle schon gespielt, in – um's genau zu sagen – vier Kapiteln gespielt. Die Vier repräsentiert das Weibliche, das ja in *Riverside* zunächst gar nicht vorhanden scheint, dann, bei
5 genauerem Hinsehen, eigentlich überall ist, alles einhüllt: Also die »Nacht«, in der alles hier spielt, die »Höhle«, in die meine Protagonisten kommen, aus der sie kommen, in der sie sich finden, gibt allem Form, enthält eigentlich schon alles. So wie die ersten vier Sätze von *Riverside* die
10 Geschichte selbst, ihre Entwicklung ja schon *in potentia* enthalten wollen, so dass nur noch »geerntet werden muss« von den Geschichtsträgern selber. Die ersten vier Sätze sprechen aus: die vier Elemente – die Welt. Wie die Talmudisten ja auch – das ist wunderschön gedacht – im
15 ersten Satz der Genesis schon ALLES vorzufinden glauben: wieder in der »Vier«, in den vier Nomina nämlich: Anfang, Gott, Himmel, Erde – darin ist die ganze Schrift. Und das eben, wiederum, in einer Vier. Die Vier gilt allgemein als weiblich und vollendet die männliche Drei – es sind ja drei
20 Männer, die in *Riverside* reden – und die, innerhalb einer Vier, wieder an die Erde, an das Leben hier-und-jetzt, gebunden werden.
WEISS: Dieses ist ein Spiel, ein ernstes Spiel, ja, aber gibt es da nicht noch ein anderes »Spiel«? Nämlich: Auf dem Um-
25 schlag Ihrer Novelle sehen wir Johannes den Täufer. Wie das? Er kommt ja in *Riverside* an keiner Stelle vor.
ROTH: Der Täufer, Johannes der Täufer, stellt die Verbindung her zwischen meinem ersten Buch, *Die Wachsamen*, und *Riverside*. Und nicht nur das. Denn auch dort, auch in
30 den *Wachsamen*, ist er schon in-eins-gedacht mit Johannes dem Evangelisten, dem »John« des Titels meines letzten Stücks in den *Wachsamen*. John the Divine, also Johannes der Göttliche, der Evangelist, erklärt ja in »Revelations«, der Offenbarung, dem letzten Buch der Bibel, diese Bibel
35 für geschlossen, mit einer spürbaren Sorge, wie diese Erklärung auch durchgesetzt werden kann. Er sagt ja, ich

paraphrasiere: »So jemand dazusetzt«, also zum Buch da-
zuschreibt, es offen lässt, es als offenes, weiterwachsendes
betrachtet, »so jemand dazusetzt, so wird Gott ihm zuset-
zen mit Plagen«.

WEISS: Also eine Drohung ... 5

ROTH: Genau. Lasst die Finger davon! Aber John the Bap-
tist, der Täufer und Taucher, wie ich ihn sehe, kündigt an!
Er sagt: Alles steht uns bevor. Ich sage, dass er damit sagt,
oder AUCH sagt: Alles steht uns noch einmal und immer
wieder bevor – also: »Macht frei und bereitet einen Weg für 10
den Herrn!« Denn: Dieses Ihm-, dem Herrn, -den-Weg-
Bereiten, das schließt sich meiner Meinung nach nie ab,
auch für die Nachwelt nicht, die schon alles für geschehen
hält, für abgeschlossen, ja gar historisch. Diese Nachwelt
schließt nämlich das Kapitel und schließt sich damit aus 15
dem »Richtet einen Weg dem Herrn« aus, weil sie es sich
verbietet, an diesen Texten, an der Kraft dieser Texte, am
Gott, der sich in ihnen zeigt, weiterzuträumen. Novalis
fragt, ganz in diesem Sinne und so naiv, wie man hier auch
sein muss: »Wer hat die Bibel für vollständig erklärt? Sollte 20
die Bibel nicht immer noch weiterwachsen?« DAS ist der
Täufer, der uns tauft und untertaucht, der darin das Unbe-
kannte und immer neu Freizumachende verkündet, damit
wir uns in der Geschichte nie ausruhen, sondern sie immer
neu wagen, damit wir auf unserem Talent, um ein anderes 25
biblisches Bild anzusprechen, nicht hocken bleiben, sondern uns stets ganz neu und vollständig im Leben ein-set-
zen. Deshalb sind die zwei Johns, die beiden Johannes, bei
mir immer zusammengedacht, der Vollender und der An-
künder: Die bedingen den Fluss, die machen das Leben erst 30
möglich.

WEISS: Dass das eine das andere bedingt, sehen wir, meine
ich, auch an einem ganz anderen Motiv: Gegen Ende von
Riverside wird von einem Stück Holz erzählt, einem
Stamm, aus dem sich der Alte (Diastasimos) einst eine 35

Schwelle gefertigt hat – aus dem Rest dann, wenn ich's richtig verstanden habe, hat er sich eine Leiter geschnitzt. Die Schwelle trägt in der Geschichte später Jesus, und die Leiter bekommt für einen der jungen Männer höchste Wichtigkeit.

ROTH: Ja, es ist die Leiter des Diastasimos, die ihn dann eben nicht hinauf, nicht zum »in den Wolken lebenden« Gott führt, die nicht – wie Jakobs Leiter etwa – die Engelsvision und Gottesvision oben entstehen lässt, sondern eine Leiter, die, paradoxerweise, ihm die Welt, die Welt zu ebener Erde, eröffnet und damit eigentlich die Funktion der Schwelle übernimmt. Und da erst findet er den Gott: Über die Leiter wird in der Handlung sozusagen zum zu ebener Erde Verlorenen zurückgeträumt, zurückgefunden; der Gott wird im Nächsten, im Nächsten und ANDEREN gesichtet ...

WEISS: ... womit wir wieder beim Ausgangspunkt wären. Der Andere, das ist, wie Sie gezeigt haben, der Mann, der deinen Tod will, der dich überfällt, anfällt, dich verfolgt – »mit dem wir teilen, ohne es zu wissen: uns teilen«.

ROTH: Ja, aber *Riverside* sagt auch – diese Geschichte sagt auch –, dass ich, wenn ich in dieser Vision, diesem Gesicht, den Gott erkennen kann – und dann entsprechend handle –, dann wird dieser verwirrende und scheinbare Irrweg des Lebens ganz mit Sinn erfüllt. Es ist dann auch ein Gott, mit dem Diastasimos – UND wir, meine ich – leben können, schwer genug leben können: ein Gott, dessen Leiter »nach oben« zum Nächsten neben uns führt. Diese Leiter des Diastasimos, ihre große Eigensinnigkeit, letztlich: Einfachheit zu begreifen, ja auszuprobieren, tät uns gerade heute gut, wäre vielleicht gerade heute und in Deutschland vonnöten.

(Ungekürztes Transkript eines für den Rundfunk aufgenommenen Radio-Interviews. Aufnahme: Februar 1992. Nicht gesendet.)

Kommentar

Zeittafel

1953 geboren am 25. Juni in Freiburg/Brsg., aufgewachsen in Karlsruhe.

Frühe Begeisterung für Filme; häufige Besuche des amerikanischen Soldatenkinos (»Minute Man Theater«).

Schüler des altsprachigen Bismarck-Gymnasiums; besonderes Interesse für alte und neue Sprachen. Im regulären Griechischunterricht Platon-Dialoge, in Arbeitsgemeinschaften und privat: Lektüren von Aristoteles, von Pindar samt Hölderlins Übersetzungen. Lektüren angloamerikanischer Dichter in der Originalsprache.

1972 Abitur; Studienjahr in Paris an der Alliance Française, intensive Filmstudien. Erteilen von Privatstunden in Latein, Deutsch und Englisch.

1973 Studium der Anglistik, Germanistik und Romanistik in Freiburg/Brsg.

1975 DAAD-Stipendium in Los Angeles. Anglistische Studien an der University of Southern California (USC) und Filmstudien am dortigen »Cinema Department«.

1976 Entschluss, bis auf weiteres in Los Angeles zu bleiben. In den folgenden Jahren Arbeiten als Verfasser von Einführungen zu Filmen im Rahmen des Studienzweigs »Thematic Option« an der USC.

1978 *The Boxer*, eigener Kurzfilm (10 Min.), Prädikat »wertvoll«.

1981 *The Killers*, Film nach und mit Charles Bukowski (40 Min.).

Zwei Jahre Schauspielunterricht bei Theater- und Filmregisseur Daniel Mann.

1984 *Paul* (Hörspiel; mit Klaus Löwitsch, Regie: Patrick Roth, SFB, ca. 50 Min.); *Die Flamme* (Hörspiel; Regie: Walter Adler, WDR, ca. 50 Min.).

1986 *Kelly* (Hörspiel; mit Hilmar Thate, Regie: Patrick Roth, WDR, ca. 50 Min.).

1988 *Blue Aces* (Hörspiel; mit Christoph Eichhorn, Regie: Patrick Roth, SDR, ca. 50 Min.).

1990 *John* (Hörspiel; mit Bruno Ganz, Regie: Patrick Roth, SFB, ca. 50 Min.).
Die Wachsamen. Drei Monodramen (*Kelly, Paul, John*).

1991 *Riverside. Christusnovelle.*

1992 In der *Frankfurter Rundschau* und dem *Journal Frankfurt* in den folgenden Jahren Veröffentlichung zahlreicher Interviews mit amerikanischen Filmschauspielern wie Tom Cruise, Harrison Ford, Dustin Hoffman, Jack Lemmon, Anthony Hopkins u. a.
Die Hellseher. Schauspiel (neue Fassung 1995).
Rauriser Literaturpreis.

1993 *Johnny Shines oder Die Wiedererweckung der Toten. Seelenrede.*
Kelly oder Vom Treffen im kleinen Park (Theaterstück; neue Fassung), Uraufführung am 3. 12. 1994 am Badischen Staatstheater Karlsruhe, Regie: Patrick Roth.
Kindeskind (Hörspiel; mit Wolfram Berger, Katja Riemann u. a., Regie: Patrick Roth, SWF, ca. 50 Min.)

1995 *Magdalenenrevolver* (Dramolett, Auftragsarbeit für die Rauriser Literaturtage).

1996 *Corpus Christi* (schließt sich als dritter Teil eines Triptychons an *Riverside* und *Johnny Shines* an).

1997 *Meine Reise zu Chaplin. Ein Encore.*
Preis der Stiftung Bibel und Kultur.

1998 *Die Christus-Trilogie* (*Riverside – Johnny Shines oder Die Wiedererweckung der Toten – Corpus Christi* sowie Lesungs-CD).

2001 *Die Nacht der Zeitlosen.*
Kelly/Paul – Trilogie der Wachsamen. 1. und 2. Teil: Uraufführung am 20./21. 4. 2001, Theater im Lampenlager, Bonn. Inszenierung: Volker Maria Engel.

2002 Frankfurter Poetik-Dozentur.
Ins Tal der Schatten. Frankfurter Poetikvorlesungen.
d.lit.-Literaturpreis der Stadtsparkasse Düsseldorf.
Hugo-Ball-Preis der Stadt Pirmasens.

2003 *Magdalena am Grab* (Kapitel III von *Ins Tal der Schatten*).
Resurrection (Taschenbuchausgabe der *Christus-Trilogie* plus Hörkassette).

Literaturpreis der Konrad-Adenauer-Stiftung.
»Der Mann an Noahs Fenster«, in: Hubert Winkels
(Hg.): *Beste Erzähler 2003*.
Riding with Mary. 10mal Sehnsucht.
2004 *Starlite Terrace.*
Heidelberger Poetik-Dozentur.
2005 *Zur Stadt am Meer. Heidelberger Poetikvorlesungen.*

Die Kunst der Christusnovelle *Riverside*

> Ein vollkommenes Kunstwerk ist ein Werk des menschlichen
> Geistes. [...] der wahre Liebhaber sieht nicht nur die Wahrheit
> des Nachgeahmten, sondern auch die Vorzüge des Ausgewähl-
> ten, das Geistreiche der Zusammenstellung, das Überirdische
> der kleinen Kunstwelt; er fühlt, daß er sich zu dem Künstler
> erheben müsse, um das Werk zu genießen, er fühlt, daß er sich
> aus seinem zerstreuten Leben sammeln, mit dem Kunstwerke
> wohnen, es wiederholt anschauen und sich selbst dadurch eine
> höhere Existenz geben müsse.
>
> *Johann Wolfgang Goethe*

Riverside (1991) ist die erste Prosaarbeit von Patrick Roth; ihr
folgten die Romane *Johnny Shines oder Die Wiedererweckung
der Toten* (1993) und *Corpus Christi* (1996). Diese drei selbst-
ständigen Werke, deren Stoffe in der Bibel gründen und für deren
handelnde Personen Jesus Christus im Mittelpunkt steht, sind
als *Christus-Trilogie* bezeichnet worden.

Riverside bietet nicht nur einen relativ leichten Einstieg in dieses
Opus, sondern auch einen guten Zugang zum Werk von Patrick
Roth. Wer den Weg des Diastasimos verfolgt und verstanden
hat, wird mit gesteigerter Aufmerksamkeit die frühen Hörspiele
lesen und den existentiellen Ernst der leichter zugänglichen spä-
teren Erzählungen nicht verkennen. *Riverside*, reich an Bildern
und symbolischen Situationen, enthält keimhaft die Problemgedanken dieses Schriftstellers und zeigt schon seine Kunst.

Ein reiches Werk reizt von sich aus zu wiederholtem Lesen; es
aktiviert den Liebhaber von Kunst. Der Fragende möchte klä-
ren, was er noch nicht versteht, der Bewundernde will seinen
Eindruck sichern, und alle, auch der Irritierte bestenfalls, prüfen
am Anspruch des Werks auch sich selbst.

Dabei bringt jeder Lesende die Welt seiner Lebens- und Leseer-
fahrungen mit. So kann er z. B. bei der »Höhle« des Diastasimos
leicht an Platons Höhlengleichnis denken und eine Verwandt-

schaft der listig-herausfordernden Frageweise des Diastasimos mit der des Sokrates sehen. Aber bevor ein Vergleich erkenntnisfördernd ist, muss das Einzelne gekannt sein. Der folgende Leseversuch lässt solche und andere Assoziationen auf sich beruhen, um desto genauer dieses Werk, so wie es dasteht und wie jeder es auffassen kann, zu verstehen. Er strebt gesammeltes Lesen an, wie nach Goethes Meinung der »wahre Liebhaber« Literatur lesen soll.

Titel

Riverside ist heute im Deutschen nicht unverständlich. Jugend-   Fremdsprache
liche haben es meist schon gehört, z. B. in dem Gospel »Down by the riverside …«. Das Wort bringt über die Fremdsprache geographische Weite mit. Zusammen mit dem Namen »Christus« in der Genrebezeichnung *Novelle* greift es weit aus nach Westen und Osten; es schlägt eine Brücke zwischen Alter und Neuer Welt. Es macht zugleich auf symbolische Bedeutungen aufmerksam. Hieße das Buch »Flussufer. Christusnovelle«, würde der Titel vielleicht nur als Ortsangabe (am Jordan) aufgefasst. An jedem Fluss aber ist die andere Seite im Blick, ist ein trennender Strom dazwischen, muss das Hindernis überwunden werden, wenn man in neues, in anderes Land kommen will.

»Christusnovelle«: In dem Doppelwort sind Form und Stoff an-   Form
gegeben. Das Grundwort »-novelle« bezeichnet die literarische Kunstform. Im Unterschied zu Romanen, die weitläufig Menschenleben in einer Gesellschaft darstellen, ist eine Novelle eine kürzere Prosaerzählung, die auf ein ungewöhnliches Ereignis hin gebaut ist und von diesem, z. B. einem Lebens-Wendepunkt aus, ein Menschenschicksal beleuchtet. Im literarischen Begriff »Novelle« ist die Bedeutung ›neu‹ zu ›außerordentlich‹ gesteigert; Goethe hat ihr zentrales Ereignis eine »unerhörte Begebenheit« genannt.

Der Stoff ist aus Zeit und Leben Jesu Christi genommen, wie die   Stoff
Evangelien sie überliefern. Er ist konzentriert in einer fiktiven Episode, die in die späten Lebenstage des historischen Jesus von Nazareth eingefügt ist. Auf seinem letzten Weg von Jericho durch das judäische Wüstengebirge über Bethanien nach Jeru-

salem soll sie sich ereignet haben. Auf zwei Schauplätzen eines erfundenen Umwegs, in der Höhle eines Aussätzigen und am Lagerfeuer von römischen Soldaten, zeigt die Novelle die Christusgestalt und deutet voraus auf ihr Leiden.

Christus erscheint nicht direkt, sondern vermittelt durch den Augenzeugen Diastasimos. Gleichwohl ist er Zentrum: Die drei handelnden Personen sind wesentlich auf ihn bezogen. Der ungläubige Diastasimos vergegenwärtigt ihn in Verhalten, Rede und Ausstrahlung als außerordentlichen Menschen von fühlbarer, zugleich unaufdringlicher Macht, so dass er als Christus

Keine Legende

(= der Gesalbte, der Messias) glaubwürdig dargestellt ist. Die Novelle hat aber nichts, was Glauben voraussetzt, nichts Legendenhaftes. Phantasievolle Erzählungen über die Jugend Jesu und seine Mutter haben die Evangelien schon früh begleitet und stets das Außer- und Übernatürliche hervorgehoben, um Jesus als Christus zu beglaubigen. Solche Legenden (= ursprünglich Lesungen ausgewählter Stücke aus dem Leben eines Heiligen an seinem Festtag bei Gottesdienst oder Klostermahlzeit), erbaulich im Dienste des christlichen Glaubens, bilden eine eigene Erzählgattung.

Keine Jesus-
geschichte

Die Novelle gehört auch nicht in die Reihe neuzeitlicher Jesusbiographien, die das Heilige weglassen oder ironisieren. Die säkulare Dichtung dieser Christus-(nicht Jesus)novelle achtet die Wahrscheinlichkeit der evangelischen Quellendokumente; sie geht ohne Dogmatismus und ohne Entmythologisierungsabsicht damit um. Das Säkulare wie das Sakrale, das Irdisch-Menschliche wie das Überirdisch-Heilige sind in der Gattungsbezeichnung »Christusnovelle« spannungsvoll verbunden.

Unerhörte
Begebenheit

Das zentrale Ereignis – Lebenswende des Diastasimos – ist das Heilungswunder, das der Ungläubige am eigenen Leibe erlebt hat. Seine erzählende Vergegenwärtigung bewirkt den Entwicklungsprozess der jungen Reporter, die, statt aufzuschreiben, miterleben. Die unerhörte Begebenheit für die Jungen gipfelt darin, dass sie im Aussätzigen den Geheilten und im fremden Alten den totgeglaubten Vater finden.

Die Sprache, eine Kunstsprache in seltsamer Mischung von archaischen und heutig-umgangssprachlichen Elementen, scheint für diesen Stoff eigens erfunden. Ihre Befremdlichkeiten bewirken, dass der Abstand zu jener historischen Ferne und das Außerordentliche des Themas fühlbar werden.

Ein Mittel, Zeitdistanz herzustellen, ist der Gebrauch alter Wörter und Wortformen wie »verhehlen«, »heischen«, »beigeben«, »etwas missen«, »jemanden etwas heißen«. Wenige Formeln wie »Denn hört und seht!«, »Und siehe«, »Hört also her und seht her« geben eine Anmutung biblischen Sprechens, ebenso das häufige »Und« bei Satzanfängen. Es sind aber v. a. Rhythmus und Grammatik, durch welche die Sprache der Novelle sich über eine gute Normalsprache hinaushebt. Hauptmittel ist die Umstellung (Inversion) der üblichen Wortfolge im Satz. Irreguläre Anfangs- oder Endstellungen von Objekt oder Subjekt heben Wichtiges hervor. Bei zweiteiligen Prädikaten ist das Hilfsverb oder Reflexivpronomen oft nah an das Verb genommen. In langen Sätzen dienen solche Umstellungen immer der Klarheit und besseren Übersicht. Spuren Hölderlin'scher Sprache sind zu hören, und Altphilologen erkennen in der Weise, wie die Wörter gefügt sind, altgriechische Satzformen. So vermitteln die Inversionen, während sie zusammen mit dem Rhythmus Betonungen und Dynamik bestimmen, zugleich Ehrwürdig-Altes: Zeittiefe. *(Archaisches)*

Ein kontrastierendes Element mischt sich v. a. in die Dialoge. So kann z B. Diastasimos mit der Anrede »Bürschchen« oder einem salopp-verächtlichen Wort (»von dem ihr mir quasselt«) einen hohen Anspruch seiner Gesprächspartner oder mit einer heutigen Redensart (»in die Mangel genommen«) den hohen Ton brechen. Einwürfe wie »Nun hör mir doch zu.« – »Ach was!« – »Du bist gut!« – »Also was weißt du denn nun? Raus damit!« – »Zustände sind das!« weisen die Dialoge als spontan-heutiges Sprechen aus: Gegenwart. *(Spontan-Heutiges)*

Immer ist die Sprache sinnlich-anschaulich, manchmal in originellen Worten und Wendungen: »tonbetört«, »Lehren flechten«, das »handumgriffene Schwert«. Die römische Geißel wird als »bleiköpfiger Lederstrauch« sichtbar. Eine Metapher kann *(Bildliches)*

Haltung und Mimik erraten lassen: »So rieb sich der Hohn des Alten an Andreas Einsprüchen blank«. ›Sehen‹ wird intensiver, wenn es heißt: »das Auge draufhalten«; ›hören‹ wird eindringlicher, wenn gefragt wird: »Hat ers in euer Ohr euch gelegt?« Konkrete Verben machen komplexe innere Vorgänge fühlbar, z B. das selbsterschütternd-sinnlose Forschen nach möglicher eigener Schuld:

»Ihr ahnt, das muß ich sagen, ganz herrlich, wie man in meinem Fall mit Fragen nach der Ursache sich aushöhlt und innen alles umgräbt; die Tage auch, die schon vergangen, gar nicht vergehen und sie aufs neue aufgehen läßt, das Auge draufhält und jeder Fliege Bahn verfolgt, um ja zu prüfen, ob man die Flügel ihr beim Aschenblasen nicht versengt und so des großen Zornes Grund im Kleinsten schon entzündet hätt.«

Gestisches Außer mit bildhaft-konkreten Zügen wirkt die Sprache durch zeigende Elemente auf die Einbildungskraft. Das wird besonders deutlich in der Erzählung von Jesu Besuch in der Höhle: Diastasimos zeigt, wie er dem auf ihn zukommenden Jesus ausgewichen ist »bis hierhin [...] Bis hierher, wo ich jetzt stehe. Und er ... Er stand hier.« »Johannes und Judas aber, noch ehe weiteres gesagt, standen ...: Johannes zwei Schritte vom Eingang links. Und Judas, dort.« Die frühere Szene in der Höhle wird so dargestellt, dass selbst die Redepausen von der Einbildung des Lesers mit messenden Blicken, zeigenden Handbewegungen sich füllen. Wie bei einer filmischen Überblendung stellt man sich beide Szenen zugleich vor, hinter dem jetzigen den älteren Vorgang am gleichen Ort – mit nichts als sprachlichen Mitteln.

Erwogenes Zusammenspiel Es ist das erwogene Zusammenspiel vieler Merkmale, das den je besonderen Ausdruckswert – Tempo, Spannung, Emotionalität – bestimmt. Was die Sprachkunst vermag, wird *erlebt* an mitreißenden Höhepunkten. Analysiert sei hier nur am ersten Abschnitt (S. 11), wie die Einführung sprachlich gemacht ist und was sie bewirkt:

Als Leser oder Hörer der ersten Sätze folgt man dem unbekannten Sehenden, und ein Bild, eine Imagination entsteht. Das wiederholte »und« der kurzen Sätze und Satzteile macht das Sprechen zu einem staunenden Wahrnehmen eins nach dem anderen –

(lässt man es weg, verschwindet der Eindruck vorsichtigen Tastens, das Sprechen wird sicherer, tatsächlicher). Dreifach wiederholte Nennung der Höhle befestigt die Vorstellung. »Und darin« – abgesetzt durch einen Nebensatz vom wildbewegten »draußen« – konzentriert sich der Blick auf die »Glut«, dreimal genannt. Die Partizipien »zusammengesammelt«, »steinumringt«, »windumstoben« fassen zuständlich das ruhende Feuer als Mittelpunkt der Höhle und das stürmische Element von draußen ins Wort und Bild. Nun das seltsame »Und es hört Regen die Höhle« (nicht »man hört«, nicht »ich höre«!). So ist die Höhle leer, und der Regen misst mit seinem Echo die Höhle aus, dringt weiter als der Glutschein in einen Hintergrund, dessen Dunkel die Sprache lautmalend umspielt: »und dunkler wird und dunkelt, unsichtbar macht...« Der letzte Satz weist mit »Aber« und »kam« aus der ruhenden Gegenwart der Höhle hinaus und scheint mit dem »Donner« etwas Dramatisches anzukündigen.

Rhythmus, Umstellungen der Wörter im Satz, Auslassungen, Wiederholungen – das sind eher lyrische als prosaische Ausdrucksmittel. Diese Prosa hat mit einem Gedicht gemeinsam, dass man ihre Befremdlichkeiten nicht zum Normalen hin ändern kann, ohne ihnen etwas von der unmittelbar sinnlichen Wirkung zu nehmen. Die »Springflut Regens«, die »übers Wild-Trockene hinschießt«, ist im Satzrhythmus darstellendes Moment der Springflut. Trotz der kraftvollen Bedeutung von »Wild« – und »hinschießt« würde eine »Springflut des Regens« das sinnliche Springen mindern. Auch die Evokation der Höhle und ihrer Mitte wäre nicht so zwingend ohne die vierfache Endstellung von »Höhle«, ohne die Folge von »Höhle ... Glut ... Glut ... Höhle ... Höhle ... Glut ... Höhle«.

Erzähler

Die Kunst des Erzählens macht es möglich, dass dem Leser die Personen der Handlung (Protagonisten) und die Ereignisse der Novelle nahe kommen, dass er mitgehen und mitfühlen kann. Wie ist das gemacht?
Wichtig ist die Frage nach einem Erzähler in einer Erzählung,

weil von ihm die Führung des Lesers abhängt. Für diese Novelle ist eine einfache Antwort nicht möglich, auch wenn man den Schluss kennt. Es gibt zwei (oder drei?) Erzähler. Die Novelle besteht weithin aus direktem Gespräch dreier gegenwärtiger Personen und zusammenhängenden Geschichten, deren Erzähler *Diastasimos* ist.

Wer aber ist das »Ich«, mit dem die Novelle einsetzt? Dieses Ich tritt im weiteren Verlauf weder grammatisch noch als Gestalt in Erscheinung. Es ist da als genau Sehendes, Hörendes, manchmal Mienen und Gesten Deutendes. Man vergisst es als Leser, wird es unwillkürlich mit dem *Autor* gleichsetzen, obwohl der Autor, so meint man, im Verhältnis zu seiner Geschichte doch allwissend ist. Das gestaltlose Ich aber sieht und hört nur zu, weiß sonst wenig. Diastasimos ist der überlegen Wissende in der Novelle. Weithin erzählt – und führt also – er. Es überrascht, leuchtet aber sofort ein, wenn mit dem zweitletzten Satz der Novelle das Ich noch einmal hervortritt: »Andreas und ich« – als *Tabeas*, »der dies aufgeschrieben« hat.

Das ist eine Art Rahmen, der den Besuch der jungen Leute in der Höhle des Alten einleitet und abschließt. Er hat eine wichtige Funktion. Die Anonymität des Ich bewirkt, dass am Schluss der Erzähler *in* der Geschichte (Tabeas) und der Erzähler *der* Geschichte (Autor) zusammengeschlossen sind. In der Rolle des Tabeas schränkt sich der Autor auf einen Mitspieler ein. So kann er den Leser hineinziehen in die unbefangene Neugier der Besucher, in die verwirrende Konfrontation mit dem Alten. Der Lesende sitzt gleichsam miterlebend neben Andreas und Tabeas, vielleicht nicht so wundergläubig, vielleicht ungläubig, sicher nicht so unbarmherzig in der Schuldfrage wie jene, jedenfalls bald mit Sympathie für den scheinbar kauzigen Alten und Interesse für seine Sicht geheimnisvoller Dinge.

Aus der Doppelheit des Ich-Erzählers ist rückwirkend auch der tastende Beginn plausibel: der imaginäre Aufbau der Höhle als Schauplatz des Geschehens. So hat sich dem Autor die Höhle, das Drinnen und Draußen, gebildet; so hat er die Absicht des Diastasimos vorweg entworfen. Und so hat Tabeas die Annäherung erlebt, die Vorbereitungen des Diastasimos sich nachträglich vorstellen können. Mit dem Eintritt der Besucher in die

Höhle sieht der Erzählende, als Ich verschwindend, alles von
außen. Er tritt zurück, lässt sehen und v. a. hören: die Dialoge,
die Erzählungen des Alten.

Struktur

Zwischen Einführung und Ausleitung durch den Ich-Erzähler
besteht der Text aus einer Wechselreihe von Dialogen und zunehmend längeren Erzählungen. Die vier Kapitel sind Ein-
schnitte in diese Reihe. Die Erzählstrategie hält die Spannung an,
rückt die jungen Leute ins Bild, die etwas zu verarbeiten haben.
So heißt es nach der Erzählung vom Tempelbergmassaker: »Sie
schwiegen.« Auch nach der Erzählung im zweiten Kapitel hat
Diastasimos »sie schweigen gemacht«, bevor die Brüder das Ge-
hörte in ihr Wissen einzuordnen versuchen. Das dritte Kapitel
führt in schließlich ununterbrochener Erzählung auf einen Höhepunkt von solcher Wirkung zu, dass die jungen Zuhörer auch
auf Fragen des alten Erzählers hin sprachlos bleiben. Mit ihrer
Verstörung beginnt das kurze letzte Kapitel, in dem für sie Ver-
wirrend-Unglaubliches greifbar und begreifbar wird und sich
für den Leser der Kreis der »kleinen Kunstwelt« (Goethe)
schließt und erschließt.

Das äußere Gegenwartsgeschehen der Novelle vollzieht sich als
Gespräch und Bewegungen des Diastasimos und seiner beiden
Besucher während einiger Abendstunden des Jahres 37 in der
Höhle, also in einer Einheit von Ort, Zeit und Handlung wie ein
Einakter auf einer Bühne. Der Vergleich mit dramatischer Dichtung liegt auch nahe wegen der vorherrschenden, meist unver-
mittelten Dialoge und der gestischen Sprache. Manchmal vermittelt der anonyme Erzähler, was sich an Bewegung zeigt:
»Und Tabeas macht sich daran aufzustehen. Andreas aber bleibt
sitzen, schimpft weiter.« All seine Bemerkungen wie die Dialoge
vollziehen sich im Präsens. – Der gegenwärtige innere Vorgang,
die Entwicklung und Initiation der jungen Männer, kulminiert
am Schluss der Novelle.

*Jetzt-
Geschichte*

In die Gegenwartsgeschichte eingelassen sind vier Geschichten
im Präteritum: Rückblenden, von Diastasimos so lebhaft erinnert, dass er bei berichteten Dialogen und immer, wenn es auf-

*Damals-
Geschichten*

regend wird, erzählend ins Präsens übergeht: »Er faßt mich an. So.«

Diese Damals-Reihe spielt:

1. am Brunnen vor seiner Hütte, wo Diastasimos seinen Aussatz auf Schulter und Nacken entdeckte;
2. im Tempel zu Jerusalem, wo Diastasimos Heilung suchte und dem feindlichen römischen Soldaten begegnete;
3. in der Höhle der gegenwärtigen Geschichte, wo Jesus vor Jahren Diastasimos aufsuchte, und kulminiert
4. im Gebirge, wo Diastasimos die Konfrontation Jesu mit dem römischen Hauptmann belauschend miterlebte.

Gleichheit und Kontrast zwischen den Geschichten Diese vergangenen Geschichten sind untereinander (die zweite und die vierte) und mit der Gegenwartsgeschichte (die erste und die dritte) durch Gleiches und Kontrastierendes verbunden. Was diese komplexe Komposition des Stoffes mit ihren variierenden Wiederholungen für Verstehen und Empfinden leistet, ist nur im Einzelnen einzusehen und soll im Folgenden angedeutet werden.

– Der gegenwärtige Besuch in der Höhle wird mit dem früheren Besuch Jesu unwillkürlich verglichen: die großen Worte der Brüder – und das schweigende Handeln Jesu; die Fühllosigkeit der Jungen für das Befinden des Kranken – und Blick und Herankommen Jesu, die die Mauer um den Ausgestoßenen durchbrechen. Diastasimos stellt am Ort des damaligen Geschehens die Begegnung mit Jesus so lebendig dar, dass den Brüdern ihre übernommene Vorstellung von ihm, der »jetzt in« ihnen sei, blass werden muss. Die furchtlose Hand Jesu auf der Schulter des Aussätzigen zeigt den Jungen, die vor solcher Berührungs-Zumutung zurückweichen, wie wenig ihr so sicher behaupteter Glaube sie zur Nachfolge ihres Herrn fähig macht.

– Die kontrastive Parallele der zweiten und vierten Geschichte führt zu der wunderbar-paradoxen Identifikation Jesu mit Diastasimos. Die gewalttätige Begegnung des Römers mit Diastasimos auf dem Tempelberg bildet das Muster, von dem sich die Versöhnung zwischen dem Römer und Jesus Christus abhebt. In der Gebirgsszene scheint die Tempelszene durch: Ohne die gleiche Situation der Niedergeschlagenen vor dem Römer, ohne deren Aussatz unter den aufgerissenen Kleidern wäre das Identifikationserlebnis des Diastasimos nicht nachvollziehbar, könnte die Christusidee der großen Versöhnungsszene gar nicht erscheinen.

– Der ersten Damals-Geschichte läuft die letzte Szene der Gegenwartsgeschichte parallel. Im Brunnenspiegel vor seiner Hütte hatte Diastasimos seinen Aussatz entdeckt; am Wassertrog der Höhle entdeckt Tabeas die Heilung. Und vom Eingang der Hütte brachte der kleine Andreas dem Vater allmorgendlich das Gewand. Das liebevolle Ritual wird am Schluss in die Gegenwart überführt, wenn der erwachsene Andreas dem Alten das Kleid vom Eingang der Höhle herholt.

Eingang und Ausgang der Novelle sind durch besonders reiche Ähnlichkeitsbeziehungen verbunden. Im erhellten Hintergrund der Höhle – das Regenecho hatte dahin vorgedeutet – wird Verborgenes offenbar. Die Jungen entdecken, was unter Lumpenkleidung versteckt war. Scheu berühren sie die reine Haut des Alten. Und durch handgreifliches Fassen, durch Körpererinnerung löst sich auch das letzte Rätsel: Nach dem Gewand hochspringend begreift Andreas, dass es der Vater ist, dem er es bringen soll. Eingang und Ausgang

In der Pantomime des Anfangs hatte Diastasimos eine Leiter hinter sich hergeschleift »wie einen Pflug«, »als gälte es, aus dem trocken-brüchigen Lehm heute noch Ernte zu ziehen«. Diese Metapher, wie befremdlich sie auch schien, enthielt am Anfang eine Ahnung von Ernte, die sich am Schluss auf ungeahnte Weise vollzieht. Das Zeichen der Sichel ergänzt die Ernte-Metapher: »Und als Andreas und ich bei ihm stehn, hebt aus des Wassertrogs kleinem Teich der Alte die Sichel. Und siehe, sie *glänzt.*« Nur einmal vorher, an ausgezeichneter Stelle (deshalb erinnert man sich), kommt das Wort vor: »rein war mein Leib, und ich sah ihn *glänzen*« (S. 73). So weist die Sichel auf das Wunder der Heilung hin und ist zugleich, als Zeichen einer »Ernte« aus schwerer Erfahrung, ein wunderbarer Abschluss der Novelle.

Der stumme Anfangsauftritt hat einen spannungsvollen alten Mann gezeigt. Zielbewusst bereitet er etwas vor, wird, als sich Besucher nähern, momentan schwach, sichtlich erregt. Dann wartet er »reglos« am Feuer.

Diese Szene ist für Vergangenes wie Künftiges bedeutsam: Der Alte trägt »vornübergebeugt, die Last« wie später Jesus den Balken. »Vermummt an Gestalt« bleibt er versteckt bis zum Schluss, aber ein frisches Gewand ist schon aufgehängt. Metaphorisch ist angedeutet, dass Diastasimos »eigensinnigerweise« die Frucht seiner Erneuerung in der Höhle ernten wird: Kenntlich- und Verständlichwerden für seine Söhne, ihre Einführung ins erwachsene Leben mit den Verwirrungen und Schmerzen des Reifens, Neubeginn für sie und sich.

In den Augen der Jungen verändert sich der Alte vom belächelten oder ärgerlichen Sonderling zum erfahrenen und überlegenen Lehrer. In den Dialogen nutzt der Alte Erschrecken, Verstellung, Spott, aggressive Gegenthesen in der Absicht, beschränkte Vorstellungen und Urteile zu erschüttern: »Erst muß verwirrt sein, verworren sich im Altgelernten nicht mehr kennen, der etwas finden will.« In den Rückblicken auf seine Erfahrungen öffnet er sich und wirbt um fühlendes Verstehen. Die vier Geschichten sind Stationen seiner eigenen großen Lebenskrise.

Entwicklungs-
stufen

1. Die kurze erste enthält die Ausgangssituation am häuslichen Brunnen »in Gottes Morgensonne«: Zufriedenheit am frühen Arbeitstag, unproblematisches Gottvertrauen. Dann die Entdeckung des Aussatzes; der Verlust alles guten Lebens spricht aus der Erinnerung an das Kleid, »das mir von meinem Sohn wär zugetragen worden [...] Und jetzt nicht zugetragen wurd, das Überkleid, nicht schläfrig-freundlich, von niemand mehr, von keinem grad erwachten lieben Sohn je wieder zugetragen ward«.

2. Im Tempel verliert Diastasimos die letzte Hoffnung auf Gott und Menschen. Der unter jüdischem Kleid versteckte Römer und der seinen Aussatz verbergende Jude erkennen einander in gegenseitiger Angst. Der Römer schlägt »in befohlenem Haß« (so deutet es Diastasimos später) mit Geißel und Schwert auf den

Feind, dann, als dessen Kleid zerreißt, auf den aussätzigen Mitmenschen ein. Diastasimos, ohne Gott, ohne Mitmenschen, erstarrt in Verzweiflung.

3. In der dritten Rückschau entsteht in wenigen Zügen und Gesten die Gestalt, die das ausstrahlende Zentrum der ganzen Novelle ist. Diastasimos holt sie in genauer Darstellung vor seine Hörer. Jesus, vom Aufstieg staubig, hustend, schweißnass wie seine beiden Begleiter, löst sich aus deren Mitte und wird – *anders* als jene. Diastasimos sucht Worte für die ungeheure Wirkung von Jesu Blick, sein schweigendes Auf-ihn-Zukommen, den furchtlosen Griff nach der aussätzigen Schulter. Sein Erklären steigert sich ins Unverständliche und vermittelt darin doch die Macht Jesu. Dessen Blick holt den Angeschauten »eine Weile lang« aus aller Zeit und Unvollkommenheit heraus – so erlebt es Diastasimos. Er fasst aber nicht, was da geschieht. Der Tempel-Gott, von dem Jesus seine Macht herleitet, erinnert ihn nur an dessen Erbarmungslosigkeit; Diastasimos weicht aus. Leicht nimmt Jesus seine Hand, seine Macht zurück. Er antwortet dem verstört Fragenden mit rätselhaftem Rat, dann mit einem Gleichnis. Seines weiteren Weges bewusst – nach Jerusalem, »dort soll sichs erfüllen« – hockt er noch eine Weile am Eingang der Höhle, schaut hinaus, atmet die »beregnete Nachtluft«, »scheints zu genießen«. Erschüttert in seiner starren Abkehr, bleibt Diastasimos zurück, voll widersprüchlicher Strebungen.

Wirkung Jesu

4. In der letzten Rückschau vergegenwärtigt Diastasimos, was sich ereignete, als die beiden Jünger mit dem als Knecht vermummten Jesus auf die römische Wache stießen, wie er es, versteckt herabschauend, gehört und erlebt hat. So vermittelt entstehen die Personen in der Gebirgsszene: der Hauptmann mit seinem Einflüsterer (als sei ihm das Böse nah, aber nicht mehr eins mit ihm), Jesus unter dem Holzbalken, Johannes, der seinen Herrn mit angstvoll-täuschenden Worten, Judas, der ihn mit brutaler Tat zu retten sucht. Dann ist Diastasimos ganz konzentriert auf den Hauptmann, seinen alten Feind, und den von der Geißel aufgerissenen Jesus, der da liegt mit blutigem Aussatz wie er selbst damals, *als* er selbst jetzt: Diastasimos erfährt In-eins-Setzung, Identifikation. Der Vorgang, dessen Mitte Jesus Christus ist – Aufrichtung des Niedergeschlagenen, vergebende Um-

Jesus Christus als Diastasimos

armung –, erlöst den Hauptmann von seiner alten Schuld, heilt Diastasimos von unverschuldetem Leid an Seele und Leib. Das wird in begeisterter Sprache erinnernd vergegenwärtigt. Das ist der Gipfel der Novelle.

Angst und Verzweiflung, verwirrender Zweifel an der Verzweiflung und Versöhnung mit dem Feind in und außer sich – das sind die Stationen, die Diastasimos, der in sich Getrennte, durchleben musste, um mit sich und mit Gott wieder einig zu werden. Es sind menschliche Situationen in Glück und Unglück, die zu anderen Zeiten andere Ausprägungen haben. »Aussatz« kann als Metapher für alle Krankheiten und Zustöße aufgefasst werden, die den Menschen von seinesgleichen ausschließen und hoffnungslos machen.

Diastasimos als Glaubenslehrer

In den Dialogen, besonders zu Anfang, hat Diastasimos die unerfahrenen Jungen, die gar nicht wissen, wie sich Unglück von innen anfühlt, aus ihrer Glaubensenge aufrütteln und verunsichern wollen. Er bestand darauf,

- dass nicht jedes Unheil, das Menschen trifft, eine Schuld, die Gott dann straft, zur Voraussetzung hat;
- dass Geschichten von Heil- und Strafwundern fragwürdige Mittel zur Glaubensverbreitung seien,
- dass mit der Judas-Verdammung die Liebesbotschaft Jesu beeinträchtigt werde.

Dieser alte Lehrer ist, mehr als seine jungen Söhne, unser Zeitgenosse. Die Rückblenden sind Lehr- und Zeigestücke. In der letzten zeigt er an Jesus Christus, »wie wir fernhin heilen und fernhin geheiligt werden«. Mit seiner eigenen Erfahrung führt Diastasimos die Jungen aus ihrer Kindlichkeit hinaus und hin zu einem Beispiel Christi, das nicht veraltet.

Diastasimos als Vater

Diastasimos will aber auch von seinen Söhnen als Vater erkannt werden. Dazu verlässt er sich nicht auf Worte allein. Auch nach der Heilungserzählung mögen sie ihn noch nicht anrühren. »Wir wissen nicht, was wir antworten sollen, Diastasimos.« Das Sichzurechtfinden im neu verstandenen Leben ist ein mühsamer Prozess. »Gib uns Zeit.«

Diastasimos hat erfahren, wie die Seele auf den Leib und der Leib auf die Seele wirkt. Er weiß, dass die Söhne die Berührung brauchen, wie er selbst sie brauchte. So lässt er sie finden, be-

rührend: seinen geheilten Leib und, springend nach dem Gewand, fühlend-erkennend: den Vater.

Damit ist die doppelte Geschichte geschlossen und zusammengeschlossen, die Kunstwelt gerundet. Diastasimos hat durch Berührung und Vorbild Jesu neu zu gefestigter Einheit mit sich
gefunden und tut in der erzählten Gegenwart den letzten Schritt:
zu seinen Nächsten. Die Jungen können in sinnlichem Erkennen
die Erfahrung des Alten sich aneignen – »Er hat uns die Wahrheit gesagt« – und mit dem wiedergefundenen Vater den Schritt
in die Gemeinschaft der Erwachsenen tun.

Fragen und Antworten

Die Novelle wirft mehr Fragen auf, als explizit beantwortet werden. Aber aus der Stimmigkeit der Komposition und der Wahrscheinlichkeit der dargestellten Interaktionen, aus wörtlichen
Verweisen und Bildern ergeben sich Antworten.

Das Nachdenken gilt v. a. der Hauptperson. Warum kehrt Diastasimos nach seiner Heilung nicht zu seiner Familie zurück?
Welcher Art ist sein Gelübde, und wie kann er es brechen? Was
ist der Inhalt seines Gottesglaubens? Warum ist ihm die am eigenen Leib erfahrene Heilung »ein Gleichnis, viel weniger aber
ein Wunder«? Aus der Logik seiner Äußerungen und seines Ver-
haltens sind Antworten zu erschließen in einem Spielraum, wo
Wissen, Glauben und Empathie des Lesers mit zur Geltung kommen.

Man kann die Heilung als Wunder auffassen: als außerordent- Gleichnis und
lichen Eingriff des Gottessohns in den Krankheitsverlauf. So tun Wunder
es die Söhne, und bis heute ist dies das Wunderverständnis vieler
Christen. Für Diastasimos ist es vielmehr Gleichnis; es verweist
auf die spirituelle Umkehr im Verhältnis zwischen Gott und
Mensch, die selber etwas Körperliches bewirken kann. Jesu Berührung des Aussätzigen hat dessen Seele aus ihrer Erstarrung
geholt, und die Heilkraft wird vollends mächtig, als Diastasimos
Jesus, ihm an Elend gleich geworden, vor sich sieht. Da ist der
Menschensohn sowohl für den Hauptmann mit seiner alten
Schuld als auch für Diastasimos mit seinem schlimmen Schick-

sal: Gottessohn. Nicht der Beweis übernatürlicher Macht ist für Diastasimos wichtig, sondern das Sich-in-eins-Setzen mit dem Leidenden. Dem empathisch Lesenden, dem Wunder contra naturam unvorstellbar sind, können vor derart lebenswendender Erfahrung spekulative theologische Unterscheidungen unwesentlich, die Lebensbedeutung der Christuswunder aber neu werden.

Verhältnis zu Gott Warum kehrt der geheilte Diastasimos nicht gleich zu seiner Familie zurück? Das ist weniger unverständlich, als es zunächst scheint. In jahrelanger Abgeschiedenheit allen menschlichen Zusammenseins entwöhnt, kann er nicht einfach ins frühere Leben zurück. Seine Angehörigen haben sich lange mit seinem Tod abfinden müssen. Er bleibt seiner selbst wegen in der Höhle. Er musste eine Wendung vollziehen im Verhältnis zu dem »Gott, den die Propheten kannten. Der dreinschlug, auszurotten wußte sieben Stämme« – und den Jesus Christus doch »Vater« nannte. Er musste sich, in gewandelter Einstellung zu Gott und Menschen, neu begreifen und festigen. Mit dem freiwillig gelebten und gelobten (»Gelübde«) Einsiedlertum bezeugt er, dass es der Friede mit Gott ist, in dem das Ich seinen entscheidenden Halt hat und für die einfache Gabe des Lebens dankbar sein kann.

Glaube Das scheint die durch Jesus Christus erweckte und einsam bewährte Glaubenshaltung des Diastasimos zu sein: dem unbegreiflichen Gott in Zuversicht zugewandt bleiben auch in den äußersten Härten des Lebens.

Stimme Diastasimos ist durch seine »Stimme« den Menschen verbunden, jedenfalls erreichen ihn Nachrichten. Er weiß, was vorgeht in der jungen Christengemeinde. Als Tabeas anfangs nach dieser Stimme fragt (»Sind es die dir manchmal das Essen bringen?«), schweigt der Alte, wohl weil sie manchmal von draußen, viel wesentlicher aber von drinnen kommt. Die Stimme der inneren Weisung, das Gewissen, ist für einen Menschen, der Gott nicht verloren hat, Gottes Stimme. In einem autonomen Gewissen ist **Gelübde** ein Gelübde, das man sich selbst und Gott gibt, nichts Absolutes. Es ändert seine Weisung in geänderter Situation. So sagte die Stimme, dass es »Zeit« sei, »zu vertauschen Gelübde und Lehre«, da Diastasimos zum Zeugnis herausgefordert wird und die Söhne seine Lehre brauchen.

Fragendes Nachdenken gilt auch den Jüngern, die Jesus beglei- ten. Sie bilden ein gegensätzliches Paar. Schon beim Aufbruch aus der Höhle, den römischen Wachefeuern entgegen, zeigt sich Johannes in bangender Sorge, Judas praktisch rechnend. In der Gebirgsszene bricht die Angst um ihren Herrn auf völlig verschiedene Weise aus. Die Grausamkeit des Judas – er schlägt entfesselt zu und erwacht dann wie aus einer Trance – ist schwer nachvollziehbar. Hier ist ein Mensch gezeigt, der des Umschlags von Angst zu Wut, ja vielleicht von Liebe zu Hass fähig ist. Die »Angst im ganzen Körper«, der mehr instinktive als kontrollierte Ausbruch deuten auf eine erschreckende Ambivalenz. Die Deutung innerhalb der Novelle ist nicht strittig; die Wildheit des Judas wird als Ausdruck seiner retten wollenden Liebe verstanden. Selbst der weichherzige Johannes bezeugte das, indem er Judas die Füße wusch und dieser es ihm dankte. Diese kleine Szene zwischen dem, der als Lieblingsjünger, und dem, der als Verräter Christi in die biblischen Geschichten eingegangen ist, stimmt mit der Versöhnungsidee der Umarmungsszene überein.

Leser und Autor

Lesend ist man, wie sehr auch gefangen in der durch den literarischen Text eröffneten und begrenzten Welt, immer zugleich draußen. Von draußen her wundert man sich vielleicht, warum der Schriftsteller durch seine respektable Hauptperson so gegen das Aufschreiben wettert. Wenn man daraufhin den Text befragt, erfährt man etwas über den Autor, der auch, als er sein Werk bildete, drinnen und draußen war. Diastasimos ist gegen das Aufschreiben, wo es in Konkurrenz zum mitmenschlich guten Handeln steht. Daraus darf man auf die Einstellung des Autors zum Verhältnis von Schreiben und Leben schließen.
Wenn aber Wichtiges aufgeschrieben werden soll, dann muss es so genau sein, wie es erfahren wurde; darauf besteht Diastasimos. Ein geschriebener Satz muss den Ton, die Gestik, die Emotion dessen enthalten, der die Erfahrung bezeugt.
Das kann die sinnliche Genauigkeit der Poesie, die mit Bildern und rhythmischem Atem über das hinausweist, was Begriffe er-

reichen können, und die mit unterschwelligen Wirkungen direkt zu Herzen geht. Patrick Roth hat mit seiner poetischen Prosa aufs Neue religiöse Lebenswahrheit fühlendem Verstehen nahe gebracht.

Der Autor über *Riverside* und seine Inspirationsquellen

Die Betrachtung der Novelle hat gezeigt, wie diese Prosa Szenen entwirft, Bilder sehen und in Dialogen gesprochene Sprache hören lässt. »Ich habe fürs Theater und Hörspiel geschrieben und inszeniert, war in Los Angeles auch ein paar Jahre als Schauspieler tätig, bin dort zur Filmschule gegangen, habe Filme gedreht« (Morgenroth/Sprang).

Patrick Roths literarische Prosa ist durch seine Filmarbeit geprägt. »I have to be able to see what I write. My stories are told through ›scenes‹, and the story-teller's eye often moves through the scene's landscape the way a moving camera would« (Kluempers). (Ich muss sehen können, was ich schreibe. Meine Geschichten sind in ›Szenen‹ erzählt, und das Auge des Erzählers bewegt sich oft wie eine bewegte Kamera durch die Landschaft der Szene.)

Aber der »Einfluss meiner Film- und Theaterarbeit aufs Schreiben [ist] nicht so zu nehmen, dass ich etwa nur szenisch denke … Ich denke, bei mir wirken eher Bilder aus Filmen, aus Filmerinnerungen beim Schreiben mit.« Als Beispiel nennt Roth eine Bildsequenz, die ihm zu Beginn der Arbeit an *Riverside* gegenwärtig war: In Akira Kurosawas (1910–1998) Film *Sanshiro Sugata/Die Legende vom großen Judo* (1942/43) zeigt der Künstler durch ein Paar am Wegrand zurückgelassener Schuhe, die im Wetter der Jahre altern, das Schicksal eines Karateschülers, der seinem Meister auf neuen Wegen folgt. Das »hat mich im Zusammenhang mit *Riverside* fasziniert, und insofern habe ich mich hier durch Kurosawa inspirieren lassen.«

»Es ist der Ton des stillen, liebenden Aufmerksamseins und des Ein-Geheimnis-Witterns, den ich hier bewundert habe: Was geschieht oder geschah denn oder könnte wohl geschehen sein abseits des Weges, habe ich mich gefragt, abseits jenes letzten Gangs hinauf nach Jerusalem […]? Gab es da ein Abseits, einen Umweg, der vielleicht schon alles enthalten hat, schon alles präfiguriert hat?« (Weiss, vgl. »Anhang«, S. 91)

Auch in Roths erstaunlicher Fähigkeit, erzählend Spannung aufzubauen (Suspense-Technik), haben Interviewer Einflüsse aus seiner Filmarbeit vermutet.

Bibel und Träume Befragt, warum er sich literarisch gerade mit der Bibel auseinander setze, hat Patrick Roth Bibellektüre und eigene Träume genannt. Es sei ihm wichtig, die Geschichten des Buches, auf das sich zentrale Aspekte unserer Kultur gründen, als »so wirklich und so persönlich aufzufassen [...], daß sie einem nachgehen wie eigene Träume«. »Wenn ich mit einem Traum aufwache, geht er mir nach. Ich versuche, ihn irgendwie zu entschlüsseln; er ist ja sehr persönlich, und ich weiß auch, daß er in irgendeiner Form Schicksal ausdrückt, daß er mir etwas über mein Leben zu sagen hat. Ich kann auf dieselbe Weise jetzt auch an einen Bibeltext herangehen. Ich kann an einem Bibeltext entlang träumen, das heißt, ich lasse mich inspirieren« (Morgenroth).

C. G. Jung Anfang der 1980er-Jahre begann Roth sich für Psychologie zu interessieren, las C. G. Jung (1875–1962) und lernte, seine Träume zu analysieren. Nach Abschluss der Trilogie blickt er darauf so zurück:

> »Mich reizen die biblischen Motive, die Bilder. Das sind keine Bilder, die mir etwa durch das Aufwachsen in einer hochreligiösen Familie vermittelt worden wären, sondern ich fand sie vor fünfzehn Jahren schlagartig in meinen Träumen. Ich hatte einen Traum, der so gewaltsam und eindrucksvoll war, daß ich ihn wegstecken mußte – und doch nicht konnte. Fünf Jahre später bekam ich ihn in weiteren Folgeträumen nochmals aufgetischt, so daß ich gezwungen wurde, mich genauer damit zu beschäftigen und dem Geheimnis seiner Bilder nachzuspüren. Insofern kam ich ›als Träumer‹ zum Schreiben und benutze biblische Stoffe auch nur, weil sie aus Höchstpersönlichem erfahren worden sind, zur Erfahrung geworden sind« (Bednarz).

Apokryphen Roth hat sich über die kanonischen, d. h. von allen christlichen Kirchen anerkannten Bibeltexte hinaus auch mit apokryphen (nichtkanonischen) Schriften beschäftigt.

> »Ich muß allerdings zugeben, daß ich viele der Apokryphen, mit denen Exegeten mein Buch in Verbindung gebracht haben, gar nicht kenne. Die Tatsache, daß sich hier Parallelen

ergeben, beweist aber doch nur, daß diese Bilder und Gedanken, auf die man in den alten Apokryphen stößt, auch heute noch in den Köpfen der Menschen lebendig sind. Aber mehr noch als irgendwelche Apokryphen hat mich die Platon-Lektüre noch während meiner Schulzeit inspiriert. Ich war fasziniert von Platons Skepsis gegenüber dem Geschriebenen und habe dies – wie er – über die Dialogform gelöst« (Schmidt/Frömmer). Platon

Platon missachte »Schrift«, weil sie

>»vorgibt da zu sein, vorgibt, das Unersetzbare – das Im-Augenblick-präsent-Sein – ganz zu ersetzen, ja vielleicht sogar: überflüssig zu machen. Es geht in *Riverside* aber in erster Linie um ein Erfahren, eine Erfahrung, die die Personen meiner Novelle – und der Leser auf seine Weise – machen sollten. Hier wird gesprochen, weil hier ... belauscht werden soll, weil das Jetzt, das so scheinbar Vergangene, ganz nah herangeholt werden soll: Ich höre die Stimme, sehe den Sprechenden, bin – der Einheit von Zeit, Ort, Handlung übrigens völlig entsprechend – bin ganz dabei, versäume keine Sekunde der Handlung, des Gesprochenen. Das ist ja Bedingung einer Erfahrung« (Weiss, vgl. »Anhang«, S. 94).

Roth sieht *Riverside* als Ergebnis einer Synthese, die er als Auswanderer in der Fremde, als Deutscher in Kalifornien erleben und schaffen musste. Kalifornien

»Die Landschaft Palästinas zum Beispiel, die ich beschreibe: Ich war nie in Palästina, aber ... ich bin mir sicher, dass mir die in *Riverside* beschriebene Landschaft durch ein Erlebnis hier in Amerika ›zufiel‹. Ich sah diese Landschaft nämlich, ein paar Meilen östlich vom Death Valley. Da gibt's den so genannten ›Zabriskie Point‹, nach dem Antonioni übrigens seinen Film benannte: eine Landschaft wie ein in der Sonne brütendes, von seiner Schale befreites, riesiges Menschenhirn, mit engen verschlungenen Ganglien-Canyons sozusagen, die die Hügelkämme voneinander trennen. [...] In solcher Landschaft, einer wasserlosen Landschaft, sah ich die Suchenden, den Andreas und Tabeas von *Riverside* ... und fand dann, bei Recherchen, dass das Judäische Wüstengebirge dieser etwa fünf Stunden von Los Angeles entfernt liegenden Landschaft ganz ähnlich ist« (ebd., S. 96 f.).

Auch das Wort *Riverside* über der deutschen Novelle deutet für den Autor auf die Synthese Fremdes – Eigenes, und es war von einem biblischen Bild begleitet:

>»Es ist das Ufer ›an dem Meer bei Tiberias‹, wie Johannes gegen Ende seines Evangeliums berichtet, das Ufer, an dem Jesus steht, als er den Jüngern, die bis zum Morgengrauen in ihrem Boot nichts zu fangen vermochten, nach seinem Tode noch einmal begegnet« (ebd., S. 93).

Biblischer Stoff und engagierende Idee

Man hat im Hinblick auf die Heilungsszene in *Riverside* gefragt, ob es dem Autor erstrangig um die Nächstenliebe gehe. – Sie ist im Werk von Patrick Roth selbstverständlich, besonders zu spüren im Interesse für die Verlorenen und Verlierer von Kelly (einem der »Wachsamen«) bis zu Rex (dem »Mann an Noahs Fenster«). – Nein: »In *Riverside* geht es letztlich um die Liebe des

Der Andere

ANDEREN, den wir abweisen und hassen, den wir raushaben wollen [...]. Und da handelt es sich nicht nur ums Erkennen dieses Andern, dieses scheinbaren Feindes, sondern um mein Ihn-Anerkennen, Ihn-Aufnehmen« (ebd., S. 88).

Das Andere

Das betrifft nicht nur das Verhältnis zum Anderen außer mir, sondern auch zum Anderen in mir, das Selbstverhältnis. Für Patrick Roth gehört zur Wirklichkeit des Individuums wie des Kollektivs das Unbegriffene, Fremde, Angstmachende, das Tote und Vergessene. In der Auseinandersetzung damit entsteht Entwicklung, Erneuerung, möglicherweise heilende Verwandlung.

Nach Vollendung der *Christus-Trilogie* hat Patrick Roth seine schriftstellerische Arbeit so gekennzeichnet:

Erfahrung

>»Es geht mir als Autor immer um das Buch-als-Erfahrung. Schon im Titel *Corpus Christi* wird eine Erfahrung von Gegensätzen angesprochen. Ich benutze das Spannungselement ganz bewußt, um zu dieser Erfahrung der Gegensätze hinzuführen. Spannung sehe ich dabei als Kraft, die den Leser führt, auch verführt, schließlich aber durch die Erfahrung treibt. Diese Spannung zieht auch meine Protagonisten zu einem Geheimnis am Ende des Buchs, einem Geheimnis, das nicht ganz aufgedeckt wird, nicht sofort ›gelöst‹ und ›begriffen‹ sein will. Dieses letzte Geheimnis soll ›loop‹-Wirkung haben und uns in einer Schleife auf den Anfang der Geschichte, auf ihren möglichen Neubeginn verweisen. Alle wichtigen

Erfahrungen haben ja diesen Schleifencharakter, enthalten ein Geheimnis, das haftet und weiter an uns arbeitet. Mein Buch würde idealerweise zu einer Veränderung im Bewußtsein des Lesers führen. Jenes Geheimnis-am-Ende eignet sich da vorzüglich. Wer als Leser das Ungelöste nämlich aushält, verbindet es früher oder später mit sich selbst. Dann ist er auf dem Weg zur Lösung« (Bednarz).

Die Christus-Trilogie *Resurrection*

Auf *Riverside* folgten 1993 der Roman *Johnny Shines oder Die Wiedererweckung der Toten* und drei Jahre später *Corpus Christi*, das man auch einen Roman, eine Entwicklungsgeschichte des Zweiflers Thomas, nennen könnte.

Der Autor hatte eine Trilogie nicht von vornherein geplant, aber vor Abschluss der ersten beiden Bücher hätten sich, so sagt er, Bilder eingestellt, die ihm gezeigt hätten, dass und wie es mit seiner Arbeit weiterginge. Später hat er die drei Bände gemeinsam benannt: »*Resurrection*, das ist der Gesamttitel, den ich der *Christus-Trilogie* gebe. Der Titel bezeichnet das bestimmende Motiv dieser Bücher« (Lesung Baden-Baden, 23. 3. 2003).

Resurrection

Eher als das Wort ›Auferstehung‹, das an Christus (»am dritten Tage wieder auferstanden von den Toten«) gebunden ist, lässt das fremde Wort ›Resurrection‹ auch einen Sinn hören, der nicht auf den Gottessohn beschränkt ist. So wusste sich Diastasimos als Aussätziger »zu den Toten gerechnet« und erfuhr durch Jesus Christus eine Wiederaufrichtung (»als er mich richtete und hoch mich aufhob [...] Und aufgerichtet sah ich [...] wie ich oben mich stehen fand, wie erhoben, so auch geheilt«). Tod, Wiedererweckung und neues Leben sind hier als existentielle menschliche Erfahrung zu begreifen.

Riverside

Johnny Shines nimmt die Wiedererweckung der Toten wörtlich. Seine Geschichte spielt im Dezember 1992 in Kalifornien und greift vor bis zur Jahrtausendwende. Er irrt in Wüstendörfern umher mit der Obsession, bei Beerdigungen den Sarg aufbrechen und den Toten ins Leben zurückrufen zu müssen nach dem Gebot Christi: »Weckt Tote auf« (Matthäus 10,8).

Johnny Shines

Der Untertitel »Seelenrede« ersetzt den Gattungsnamen: Hinweis darauf, dass die dramatischen Geschehnisse sich bei einer Reise ins Innere und in Redeformen entfalten.

Auch dieser Protagonist ist wie ausgeschieden aus der gemeinsamen Menschenwelt: ein Verwirrter, Fremd-Unverständlicher, Einsamer. Er hat nicht nur – so beginnt der Roman – wiederum eine Totenruhe gestört, sondern sich auch des Mordes an einer jungen Frau angeklagt, dann das Geständnis widerrufen. Eine

Ich-Erzählerin, ihm »fremd-vertraut«, nimmt im Gefängnis das Gespräch »wieder« auf. Mit Johnny, der außerhalb seiner fixen Idee durchaus vernünftig und klar berichtet und argumentiert, forscht sie den Quellen seines Zwangs erinnernd nach. Wissend und helfend scheint sie ihm zur Seite zu stehen, dann aber wieder traumhaft-innerlich zu sein: seine Anima? seine Schwester?

Biblische Vorstellungen und Bilder haben Johnny, Sohn eines Pfarrers, von Kindheit an begleitet und auf sein Denken und Fühlen eingewirkt, so die unheimliche Legende vom jungen Jesus, der – als Messiasprobe – mit dem jungen Judas in einer Löwengrube kämpfen muss. Jesus tötet Judas in Notwehr und soll ihn dann wieder lebendig machen. Das Ende der Geschichte, die sein Vater ihm und seiner Schwester oft erzählt hat, blieb immer offen.

Offen bleiben auch Fragen zu Johnnys Geschichte. Der vielschichtige Roman endet überraschend. Eine Beruhigung des umgetriebenen Mannes kommt schließlich zustande: durch einen Erlebnisprozess? einen Erkenntnisprozess? Ein Wunder? Eine Deutung, die das Einzelne ins Ganze zu integrieren vermag, steht noch aus.

Der Autor theoretisiert nicht. Er weist auf einen Sinn von *Resurrection* in dieser konkreten Geschichte hin, wenn er sagt: »Johnny's wish to resurrect others turns out to be a longing to resurrect himself.« (Es zeigt sich, dass Johnnys Wunsch, andere wiederzuerwecken, die Sehnsucht ist, sich selbst wiederzuerwecken.) Sein Interviewer (Kluempers) hebt die Aktivierung des Lesers hervor, die der Schluss bewirkt, indem er zunächst Deutungen offen hält: »[...] just as any good book should do, a second (or third or fourth) reading should reveal more and different things each time. And if one watches *The Man who Shot Liberty Valance*, the wheels in one's mind will churn even more.« (Ein zweites, drittes oder viertes Lesen würde – wie bei jedem guten Buch – mehr und anderes zutage fördern. Wenn man dann noch *Der Mann, der Liberty Valance erschoss* [Film von John Ford] anschaut, drehen sich die Räder im Kopf noch produktiver.) – Nicht zuletzt seiner Vielschichtigkeit wegen wird dieses Buch, das 1996 ins Französische übersetzt wurde, von manchen Lesern besonders geschätzt.

Corpus Christi spielt wieder im Heiligen Land zur Zeit Christi. War *Riverside* eine Karfreitagsgeschichte, so ist *Corpus Christi* eine Ostergeschichte. Dieses Werk ist das kühnste der Trilogie. Wieder stellen Ich-Rede und Dialoge Unmittelbarkeit her. Es spricht der Apostel Thomas, der den Leib seines Herrn sucht. Die Frauen am leeren Grab haben Christus, so meint er, »aus Liebe« gesehen; er aber will die »Tatsachen« wissen.

Bei einem literarischen Werk, das an das Geheimnis des christlichen Osterglaubens rührt, gehen viele Leser auf Distanz. Doch der »ungläubige Thomas«, eine modern verständliche Figur, lockt manchen aus der Reserve. Wer ihm auf seiner Erkenntnisreise folgt, lernt »die ungeheuerste Auferstehungsgeschichte« kennen, »die jemals in deutscher Sprache geschrieben wurde« (Kurz 1996).

Partnerin im Dialog mit Thomas ist wieder eine Frau. Tirza war, zerschlagen an Leib und Seele, von Jesus wieder zum Leben erweckt worden und war ihm bis in die Grabkammer gefolgt. Von ihr will Thomas die Tatsachen wissen. Während beide das Heiligtum im Tempelhof umkreisen, holt ihr Gespräch alles ein, was Thomas von Kind auf und was Tirza mit Jesus Christus erlebt hat.

Die Grenze zwischen innerem und äußerem Geschehen ist dabei offen, aber nicht verwischt. Im kunstvoll-strengen Bau des Romans sind Außen- und Innenwelt in gleitenden und plötzlichen Übergängen unterscheidbar und verbunden. Tatsachen, Träume und Visionen sind zu einer wirkenden Welt verschränkt. Neben der heilenden Christusgestalt steht die mörderische des Folterknechts, und einer furchtbaren Vernichtungsvision steht eine Versöhnungsvision gegenüber, wo der Herr des himmlischen Festes den Widersacher in seine Umarmung einschließt.

Das ist keine leichte Lektüre. Es ist ein Werk, das sich den Perspektiven weder des Grauens noch der Güte der Welt verschließt, das sich mit forschender wie fühlender Insistenz mittels religiöser Bilder die alten Fragen nach dem Menschenmöglichen neu stellt.

Die »Tatsache« von Christi Auferstehung wird im Roman auf unerwartete Weise gezeigt. Thomas *erfährt* sie. Was Thomas erlebt, kann ein Leser, der mitgeht durch dessen Zweifel bis zum

Schluss, miterleben. Kunst hat Mittel des Zeigens, die keine Lehre hat.

Für den Schriftsteller sind die biblischen Geschichten und Bilder: in eigener Erfahrung angeeignete Mythen, die Selbsterkennen und Einsicht ins Leben erinnernd erweitern. Als »mythographische Wünschelrutengänge« hat Hans-Rüdiger Schwab diese Bücher charakterisiert. Roth habe damit einen Stoff für die Literatur zurückgewonnen, der nicht nur für unser kulturelles Selbstverständnis grundlegend sei.

Christus-Trilogie

»Was Roth gestaltet, sind sozusagen verwandelnde Seelenreisen in die biblische Topographie unseres Inneren, Expeditionen in den fremden Kontinent des Seelengrundes, wo das Christusereignis, als Archetyp, zeitlos eingeschrieben ist. Zu den Spuren dieser verschütteten Tiefen-Hieroglyphik gilt es demnach in immer neuen Anläufen vorzustoßen, ihre Lektüre zeitgemäß und überraschend einzuüben, einen authentischen Zugang dazu zu finden und ihn in praktischem Vollzug wirksam werden zu lassen. Mit den Protagonisten seiner Bücher wird ihr Leser zu jener existenzerhellenden Wieder-Holung provoziert, auf die es dem Autor ankommt.«

Charakteristik durch H.-R. Schwab

Schwab deutet die Traditionslinie an, in der diese Dichtung zu sehen ist:

Traditionslinie

»Mit seiner Vermutung, daß in uns etwas beschlossen ist, was wahrer sein könnte als die sogenannte ›Wirklichkeit‹, berührt sich Patrick Roth mit dem visionären Grundimpuls einer, ja vielleicht sogar *der* zentralen Strömung des ästhetischen Diskurses der internationalen Avantgarde [...] vom Expressionismus über die surrealistischen Recherchen im Labyrinth des eigenen Selbst und die Helden der Beat Generation, die ausdrücklich ›explorers of the interior space‹ sein wollten, Weltraumfahrer des eigenen Innern, bis hin nicht nur zu Peter Handkes Epiphanien eines gleichsam-metaphysischen, unverfügbaren Seins jenseits des Begrifflichen und Begreifbaren. Diese durchaus unterschiedlich aufgeladenen Bemühungen der ästhetischen Moderne um das Mysterium ist die Tradition, in der Patrick Roth recht eigentlich steht und die er originell fortsetzt« (Schwab 1998).

Voraussetzung zu angemessenem Verstehen der *Christus-Trilo-*

gie ist, sie als Werk autonomer literarischer Kunst aufzufassen, nicht als »Agentur von Botschaften« (ebd.), v. a. nicht als Theologie-Konkurrenz.

Patrick Roths Kunst zeigt mit unvergesslichen Christusbildern – Begegnung mit dem Aussätzigen, Wiederaufrichtung Tirzas –, wie Wunder und Wiedererweckung erfahren werden können, auch heute. Ihr weites und offenes Wirklichkeitsverständnis hält dabei individuelle wie kollektive Dunkelheit und Gefährdung stets gegenwärtig.

Riverside: »ein literarisches Kleinod« oder: »literarisches Mißlingen eines ambitiösen Versuchs«?
Johnny Shines: »von faszinierender Schönheit und Originalität« oder: »Verfehlung eines Anfängers«?
Corpus Christi: »erzählerisches Meisterwerk« oder: »ganz und gar mißraten«?
Die Sprache: »unerhört rhythmischer Bibelsound von einer störrischen Wortgewalt« oder: »wackere Dorfschullehrerprosa«?
Derart widersprüchliche Urteile und der emotionale Nachdruck, mit dem sie geäußert werden, sind in der Geschichte der Literatur nicht ohne Beispiel. Sie sind in diesem Fall kaum zu verstehen ohne Reflexion auf die religionskulturelle Situation der 1990er-Jahre, in der die Trilogie erschien. Denn die Geister scheiden sich weniger an den stilistischen Innovationen als an dem durchaus neuen, ja einmaligen Umgang mit dem biblisch-neutestamentlichen Stoff.

Seit den späten 1960er-Jahren hat sich ein Schwinden der religiösen Praxis in Familie und kirchlichem Gottesdienst vollzogen. Im Jahre 1995 gehörten von der deutschen Gesamtbevölkerung noch etwa 74 % der katholischen oder evangelischen Kirche an. Davon nahmen 14 % der katholischen und 6 % der evangelischen Mitglieder häufig am Gottesdienst teil, 17 % der katholischen und 24 % der evangelischen Mitglieder hingegen nie (vgl. Elisabeth Noelle-Neumann/Renate Köcher (Hg.): *Allensbacher Jahrbuch der Demoskopie 1993–1997*, S. 279).

In den ostdeutschen Ländern ist das Schwinden der christlichen Bindung deutlich stärker. Von 1949 bis 1989 ist der Anteil der evangelischen Kirchenmitglieder in der DDR von 80,5 % auf ca. 25 % gesunken, der Anteil der Konfessionslosen von 7,6 % auf ca. 70 % gestiegen (vgl. Detlef Pollack: *Kirche in der Organisationsgesellschaft. Zum Wandel der gesellschaftlichen Lage der evangelischen Kirchen in der DDR*, Stuttgart/Berlin/Köln 1994, S. 373 f.).

In Deutschland insgesamt lasen 1995 nur noch 3 % häufig, 62 % nie die Bibel. Die Geschichten vom barmherzigen Samariter,

Daten zur Lage der christlichen Religion

vom ungläubigen Thomas, vom verlorenen Sohn waren nur noch 47%, 43%, 35% der Bevölkerung bekannt (vgl. Noelle-Neumann/Köcher, S. 265–268).

Kulturelle
Verände-
rungen

Was das allgemein-kulturell bedeutet, hat Johannes Gross 1994 folgendermaßen kommentiert:

> »Da wachsen Generationen von Deutschen heran, die nicht nur der christlichen, sondern auch der europäischen Zivilisation nicht voll angehören, denen wichtige Voraussetzungen fehlen, die Literatur, die Kunst des eigenen Landes zu verstehen, die sich als weniger europäisch werden betrachten müssen als ihre Nachbarn im Osten oder Süden, denen sie sich doch meist überlegen dünken« (zit. n. ebd., S. 266).

Institutionelle
Verände-
rungen

Auch in den kirchlichen Institutionen hat sich manches verändert, und das religiöse Bewusstsein ihrer Zugehörigen ist vielfältiger geworden. Hierzu zwei Daten: Die katholische Kirche vollzog im zweiten Vatikanischen Konzil (1962–64), was sie zehn Jahre zuvor noch verweigert hatte: die volle Anerkennung der staatlich garantierten Religionsfreiheit. Und Papst Johannes Paul II. (*1920) hat 1980 in einer berühmten Rede vor Wissenschaftlern und Studenten im Kölner Dom »Irrtümer und Mängel« im Verhältnis der Kirche zu den modernen Wissenschaften bedauert, deren Autonomie anerkannt und damit die Verträglichkeit von Wissenschaft und katholischem Glauben breitenwirksam bekräftigt.

Wachsende
Vielfalt und
Spannungen

Wie überall in der Welt, nimmt auch katholisch-innerkirchlich – bei den protestantischen Denominationen ist das schon lange so – der Pluralismus zu. Hinter der Vielfalt religiöser Engagements, die sich im bunten Bild der Kirchentage spiegelt, sind zwei gegensätzliche Tendenzen zu erkennen. Charismatisch-emotionale Bewegungen, am gemeinsamen religiösen Erlebnis interessiert, sind um theologische Unterscheidungen wenig bekümmert. Eine stärker dogmatisch-rationale Richtung, an der Tradition der wahren Lehre interessiert, ist um die Einheit und Stabilität der sie bewahrenden Institution besorgt. Beides ist, für Kirche und Gläubige, wichtig, wenn der christliche Glaube weder erstarren noch zerfließen soll. Die Spannung reicht bis ins katholische Lehramt hinein. Aus dem Priestertum sind Autoren wie Hans Küng (*1928) und Eugen Drewermann (*1940) hervorgegangen. Sie haben weithin christliches Bewusstsein belebt, aber auch so ausgeweitet, dass die offizielle Kirche und viele ihrer Gläubigen zentrale Inhalte ihres Glaubens missachtet sahen.

Zunehmend breiten sich in der vordem christlich dominierten Gesellschaft alte Großreligionen mit strengerem Profil und mannigfache neue Gruppen (Sekten) aus, die mit Glaubens- und Verhaltensansprüchen vielen Verunsicherten Halt bieten.

Orientierungen und Zugehörigkeitsverhältnisse im wichtigen Lebensgebiet Religion haben sich also rasch verändert. Dabei ist die Autonomie der Kunst allgemein akzeptiert und etabliert. Gleichwohl ist christlicher Stoff, vom Dichter bearbeitet, eine sensible Materie. Sie löst bei neuer religiöser Bewegtheit wie bei altreligiöser Wachsamkeit, bei Alt-Agnostikern wie bei neuareligiöser Empfindlichkeit Affekte aus und macht offenbar auch Literaturkritikern die Einhaltung ästhetischer Distanz schwer. Bei Rezensenten hat Roths Trilogie, gerade weil darin neutestamentliche Thematik ernst und undogmatisch gestaltet ist, sowohl Sympathie als auch Irritation und manch ungewöhnlichen Eifer hervorgerufen.

Schon die frühesten Rezensionen dokumentieren außerordentliche Wirkung und gegensätzliche Wertung. In der *Frankfurter Rundschau* weist Esther Röhr hin auf die

Rezensionen zu *Riverside*

> »feingesponnene Komposition aus historisch gesichertem Material, aus sowohl neutestamentlicher als auch nicht-kanonischer Überlieferung und exegierender Phantasie. Überaus eigenwillig muß die (zweifache) Pointe dieses Buches genannt werden: In einer rasanten Umkehr biblischer Heilungsgeschichten fällt es dem Unglauben zu, Befreiung herbeizuführen [...] ein Meisterstück der Dialogkunst, durchdacht bis ins kleinste Detail, brillant in Diktion und Dramaturgie.«

Das ist ein typisches Beispiel literaturkritischer Reaktion auf die künstlerischen Innovationen der Christusnovelle. Die Eigenwilligkeit der Sprache, die Komplexität der Struktur, die aus Filmkunst gewonnenen neuen Erzähltechniken ebenso wie die Selbstständigkeit im Zugriff auf die kanonischen und apokryphen Texte finden nachdrückliche Zustimmung.

Die meisten Rezensionen dieses Typs bezeugen ausdrücklich oder indirekt ein nachhaltiges Lese-Erlebnis, eine (Selbst-)Erfahrung durch die Lektüre. Man stößt vor zu den Problemgedanken in den Christusgeschichten, die auf das Erkennen und Annehmen des Fremden und Anderen in und außer uns gerichtet sind (Köpke, Leipprand, Müller-Vahl). Man findet darin aktuelle Bezüge zur Aids- und Asylproblematik gespiegelt (Rampelt). Eine Nähe zu Jung und Drewermann wird gesehen (Köpke, Müller-Vahl), eine Ähnlichkeit der Erzählung mit einer »gelungenen psychoanalytischen Therapie« oder auch einem »spirituellen Exerzitienprozeß« empfunden (Köpke).

Gemeinsam ist diesen Rezensionen, dass sie sich auf die Christusnovelle als Literatur – Stoff und Form unterscheidend, aber nie trennend – eingelassen haben.

Bei einem anderen Rezeptionstyp überwiegt das erzähltechnische Interesse. In *Die Zeit* wurde Roths Novelle als »Bibelkrimi« vorgestellt:

»Bibelkrimi«

> »Die überraschende ›Lösung des Falles‹ ist das Ergebnis stupender Suspense-Kunst. [...] Roth hält die Spannung [...] nicht allein durch die ›brillanten Wahrheitsfindungsfinten‹, zusammenmontiert nach erkenntnistheoretischen und dramaturgischen ›Rezepten‹ von Platon und Sophokles über Kleist bis zu Poe. Er hält sie in jedem einzelnen Satz« (Merschmeier).

Tatsächlich stecken in der Novelle Elemente des Kriminalromans (auch in den beiden folgenden Büchern). Gleichwohl liegt im Wort für das Unterhaltungsgenre »Krimi« wie in den Kennzeichnungen der formalen Qualitäten als ›Rezepte‹, ›Montagen‹, ›Finten‹ eine Einseitigkeit, die die Form etwas abhebt vom Gehalt, und ein Leichtnehmen, in dem ein Rest Vorbehalt gegen den ernsten Stoff liegt. Das literaturkritische Urteil über die Novelle lautet: »nah am Seltensten: an spannender Poesie«.

Distanz zu Stoff und Autor

Mit spöttischer Indifferenz zur »*Riverside*-Kurzweil« berichtet der *Spiegel* weniger über die Novelle als über deren Wirkung und den »rastlosen Missionar«, den »Jünger« Drewermanns und »gottesfürchtigen Entertainment-Profi«. Jürgen Jacobs' Rezension in der *Frankfurter Allgemeinen Zeitung* lässt hingegen ernsthafte Abwehr erkennen: »Patrick Roths Erzählung zielt auf die Geheimnisse des christlichen Glaubens.« Sie rückt dem Rezensenten, so scheint es, in ihrem Ernst zu nah an die (vollendete) Offenbarung heran. Unter der Voraussetzung, der Autor wolle mit der Christusnovelle das Neue Testament ergänzen und deuten, erscheinen die »archaisierenden Wendungen und eigenwilligen Satzfügungen« angestrengt künstlich, der Ton »unecht und erzwungen«. Ähnlich sieht sich, nach *Corpus Christi*, Hermann Kurzke zur Verteidigung des »kernfesten Realismus« der Evangelien und christlicher Tradition gegen »verschwiemelte Mystizismen« herausgefordert.

Das Dilemma einer Auffassung dieser Dichtung zwischen Literatur- und Glaubenswahrheit ist auch dem Titel einer Schweizer Rezension abzulesen: »Allzu kunstvoll, um noch wahr sein zu können« (Justin Rechsteiner, *Vaterland*).

Literatur- und Glaubens-wahrheit

Ähnliche Unsicherheiten zeigen sich nach *Corpus Christi*. Zwar finde sich »nichts, was gegen den Geist des Evangeliums verstößt«, es sei ein »riskantes Buch«, »das aber zu jeder Zeit ein ehrfurchtsvolles ist« (Ewertowski). Anders gesagt: »beängstigend großartig und zu gewagt vielleicht« (Moser).

Nach *Corpus Christi* wiederholen sich im Meinungsspektrum der Rezensionen Hochschätzung und Ablehnung. Mehrfach zeigt sich aber auch eine Vorsicht im Urteil, eine Haltung der Offenheit, die einsieht, dass über ein so komplexes Werk das letzte Wort nicht rasch gesagt ist. »Ein unzeitgemäßer Text«, der aber, so ahnt es der Rezensent des Wiener *Standard*, »vielleicht doch ein höchst aktuelles Buch« ist (Liessmann).

Eine gründliche Auseinandersetzung mit der *Christus-Trilogie* hat erst begonnen. Nicht nur die Literaturwissenschaft und mehrere theologische Disziplinen, auch Sprachphilosophie, Medientheorie und Religionsgeschichte nehmen daran teil. Forschungsansätze finden sich in den Aufsätzen, die bei den Literaturhinweisen aufgeführt und kurz kommentiert sind.

Forschungs-ansätze

Bereichernd für den Umgang mit dem Werk Patrick Roths und unerlässlich für wissenschaftliche Untersuchungen sind die Vorlesungen, die der Autor als Gastdozent der Frankfurter Poetikdozentur im Sommer 2002 gehalten hat und die noch im gleichen Jahr unter dem Titel *Ins Tal der Schatten* erschienen sind.

Literaturhinweise

1. *Rezensionen zu* Riverside *und* Resurrection

Baader, Karl-Ludwig: »Geschichten statt Botschaften«. In: *Hannoversche Allgemeine Zeitung*, 12. 2. 1992.

-bl (d. i. Hübl, Michael): »Nach klassischem Maß«. In: *Badische Neueste Nachrichten*, 28. 10. 1991.

Dannowski, Hans Werner: »Sie alle hatten hier Staub geschluckt«. In: *Lutherische Monatshefte* 11, November 1992.

Ewertowski, Ruth: »Auferstehung – aus der Sicht des Thomas«. In: *die Drei, Zeitschrift für Anthroposophie* 3, 1998.

Feist, Udo: »Unstillbarer Wissensdurst«. In: *Das Sonntagsblatt*, 3. 5. 1996.

Götze, Karl Heinz: »Parallelaktion am Leib des Herrn«. In: *Frankfurter Rundschau*, 1. 6. 1996.

Hagestedt, Lutz: »Auf literarischen Wegen zur religiösen Erfahrung«. In: *Rheinischer Merkur*, 24. 4. 1998.

Halter, Martin: »Geistlich umnachtet«. In: *Frankfurter Allgemeine Zeitung*, 22. 9. 1993.

Helbling, Hanno: »Aufregung um Jesus Christus«. In: *Neue Zürcher Zeitung*, 11. 6. 1996.

Jacobs, Jürgen: »Heilig, heilig, heilig«. In: *Frankfurter Allgemeine Zeitung*, 3. 12. 1991.

Köpke, Wilfried: »Ein Gleichnis auf ihn und auf uns«. In: *Orientierung*, 30. 4. 1992, S. 89–91.

Kurzke, Hermann: »Rettet den Unglauben«. In: *Frankfurter Allgemeine Zeitung*, 6. 4. 1996.

Leipprand, Eva: Patrick Roth: »*Riverside*«. In: *INN, Zeitschrift für Literatur*, Oktober 1992.

dies.: »Jesus ist weg«. In: *Wochenpost*, Nr. 14, 28. 3. 1996.

Liessmann, Konrad Paul: »Der Leichnam des Herrn«. In: *Der Standard*, Wien, 22. 4. 1996.

Löffler, Sigrid: »Wer ist Tirza?« In: *Süddeutsche Zeitung*, 4./5. 5. 1996.

Merschmeier, Michael: »Ein Bibelkrimi«. In: *Die Zeit*, 22. 11. 1991.

Moser, Samuel: »Der Wunsch im Rücken des Wunsches«. In: *Neue Zürcher Zeitung*, 10. 11. 1993.

Müller-Vahl, Barbara-Maria: »Der letzte Zeuge Jesu oder Folgen einer flüchtigen Begegnung«. In: *Deutsches Allgemeines Sonntagsblatt*, 3. 4. 1992.

[o. N.]: »Liebe unter Frommen«. In: *Der Spiegel*, 4. 5. 1992.

Piel, Edgar: »Kein harmloses Christusbild«. In: *Südkurier*, 17. 7. 1992.

pl.: »Diesseits des Jordan. Die Christusnovelle *Riverside*«. In: *Christ in der Gegenwart*, 22. 3. 1992.

Rampelt, Pit: »*Riverside* von Patrick Roth«. Buchbesprechung für *Die Alternative* in hr 2, 22. 3. 1992 (Typoskript).

Rechsteiner, Justin: »Allzu kunstvoll, um noch wahr sein zu können«. In: *Vaterland* (Luzern), 17. 10. 1991.

Röhr, Esther: »Verborgene Offenbarung«. In: *Frankfurter Rundschau*, 9. 10. 1991.

dies.: »Einbruch in die Friedhofsruhe«. In: *Deutsches Allgemeines Sonntagsblatt*, 22. 10. 1993.

Siedenberg, Sven: »Jesus lebt!« In: *Süddeutsche Zeitung*, 1. 12. 1993

Stiebert, Klaus: »Wem gehören wir an, zu welchem Zweck?« In: *Der Sonntag*, Dresden, 28. 4. 1996.

Winkels, Hubert: »Jesus liebt dich.« In: *Die Zeit*, 29. 3. 1996.

2. Aufsätze, Forschungsansätze

Backhaus, Knut: »›Nur ist das Tauchen in die Spur nicht schon das Ziel‹. Ein Neutestamentler liest Patrick Roth«. In: Erich Garhammer/Udo Zelinka (Hg.): *Brennender Dornbusch und pfingstliche Feuerzungen. Biblische Spuren in der modernen Literatur*. Paderborn 2003, S. 121–142. [Eindrucksvolles Leseerfahrungs-Zeugnis eines Theologen, der zwischen dem Neuen Testament als geschichtlicher Urkunde und Roths Trilogie als künstlerische Auseinandersetzung damit hin und her liest.]

Garhammer, Erich: »Literatur und Praktische Theologie. Von der Produktivität eines Spannungsverhältnisses«. In: Garhammer/Zelinka 2003, S. 287–303. [Sicht des Verhältnisses von Literatur und Theologie, die weder eine Theologische Ästhetik (Bohrer, Grötzinger) noch eine Ästhetische Theologie (Huizing) anstrebt, sondern den Nutzen betont, den Praktische Theologie gewinnt, wenn sie die »diagnostische und prophetische Kraft von Literatur« einbezieht. Beispiele: Hürlimann und Roth.]

Görisch, Reinhard: »›Nicht mit Hiobshaut geboren‹«. In: *Diskussionen 32, Zeitschrift der Evangelischen Akademie Baden* 1995, S. 18–41. [Die literaturwissenschaftliche Untersuchung des Theodizee-Problems führt ins Zentrum der Dichtung *Riverside*. Klärung des Glaubens des ungläubigen Diastasimos.]

Gottwald, Herwig: Mythos und Mythisches in der Gegenwartsliteratur. Studien zu Christoph Ransmayr, Peter Handke, Botho Strauß, George Steiner, Patrick Roth und Robert Schneider. Stuttgart 1996, S. 169–179. [Literaturwissenschaftliche Arbeit über die Novelle innerhalb einer literarischen Strömung von Neuaneignungen mythischer Traditionen. Verhältnis zu den kanonischen und apokryphen Quellen und zu platonischen Dialogen; Untersuchung der Motivik und Symbolik (Gewand als Schlüsselsymbol). – Hauptgesichtspunkt Roths sei: Kritik an der schriftgebundenen Glaubensform. Die »Erneuerung neutestamentlicher Moralbereiche« wird als »Fluchtbewegung« aus der Gegenwart« gewertet.]

Hiddemann, Frank: »Patrick Roths Novelle *Riverside*. Ein literarisches Experiment mit der religiösen Erfahrung«. In: *Hofgeismarer Protokolle* 311, 1997, S. 39–47. [Die Dichtung wird als »crossover« innerhalb der »etablierten Trennung von Literatur- und Religionsbetrieb« verstanden. Es sei die Frucht dieser Trennung, dass man eine »Außenwahrnehmung des eigenen Traditionskerns gespiegelt« bekomme.]

Krienen, Veronica: »Die Öffnung des Evangeliums. Zu der Novelle *Riverside* von Patrick Roth«. In: *Erbe und Auftrag* 73, 1997, S. 349–367. [Verhältnis der Novelle zu den biblischen Prätexten; Nachweis der Thomas-Logien in Motiven, Formeln und Symbolen. K. sieht »kühne Verknüpfungen« biblischer Botschaften mit »alt-gnostischen und neuesoterischen, mit körperbezogenen und psychologischen Aspekten der postmodernen Sinnsuche«.]

Kroell, Ingrid: *Riverside: Patrick Roths Christusnovelle im Dialog mit katholischer Theologie*. Diss. Univ. Innsbruck, Inst. f. Dogm. u. Ökumenische Theologie, Januar 2001, 257 S. [Die Novelle als Inspiration für die theologische Sprache; Theologie zunächst einzig als lernende Zuhörerin; Verstehen aus theologischer Perspektive.]

Langenhorst, Georg: *Jesus ging nach Hollywood. Die Wiederentdeckung Jesu in Literatur und Film der Gegenwart*. Düsseldorf 1998, S. 149–162. [L. sieht das »Einmalige« von *Riverside* darin, »daß nicht eigentlich der Inhalt wichtig ist«, sondern seine »Präsentation in Struktur und Sprache«. Die Leistung der literarischen Form sei »Verhüllung« christlichen Traditionsgutes »im Dienste der Kenntlichmachung«. – Trennung von Inhalt und Form.]

Lübbe-Grothues, Grete: »Der Glaube des ungläubigen Thomas. Zu Patrick Roths Erzählkunst in *Corpus Christi*«. In: *Literatur in Wissenschaft und Unterricht* XXXVI, 3, 2003, S. 239–246. [Zu Werk und Wirkung auf dem Wege über die Kunstmittel.]

Kurz, Paul Konrad: »Unerhörtes aus der archaischen Höhle. Patrick Roths Novelle *Riverside*«. In: Ders.: *Komm ins Offene. Essays zur zeitgenössischen Literatur*. Frankfurt/M. 1993, S. 116–132. [Herausarbeitung dessen, was im Unterschied zu Jesusromanen im 20. Jh. bei Roth neu ist: Gegenwartsstiftung im dramatischen Gespräch, Einbeziehung des Lesers in Erfahrung.]

ders.: »Die Auferstehung als Psychodrama. Patrick Roths Erzählung *Corpus Christi*«. In: *Stimmen der Zeit* 214, 1996, S. 497–500. [Eindringliche Darlegung des Thomas-Problems, Zweifel und Selbstzweifel, wichtig auch für das Judas-Verständnis. Literarische Auferstehungsgeschichte, in der die (theologisch unterdrückte) gnostisch-mystische Kraft der christlichen Tradition aus einem heutigen Bewusstsein neu entdeckt werde.]

Röhr, Esther: »Einbruch in die Friedhofsruhe«. In: *Deutsches Allgemeines Sonntagsblatt*, 22.10.1993. [Zu *Johnny Shines*]

dies.: »Den Sprach-Laib brechen«. In: *Börsenblatt*, 20.12.1996. [Zu *Corpus Christi*] [In diesen metaphernreichen Rezensionen stecken kühne Interpretationen, die eine nicht leicht zugängliche Verstehensdimension eröffnen. Besonders für die letzte sind zeichentheoretische Reflexionen (z B. zum Status von Metaphern) erforderlich. – Von E.R. stammt auch die früheste ausführliche Besprechung von *Riverside*, s. unter »Rezensionen«.]

Schütte, Uwe: »Die Umarmung des Schamanen. Patrick Roths ›Christusnovelle‹ *Riverside*«. In: Rüdiger Görner (Hg.): *Traces of Transcendency. Spuren des Transzendenten. Religious Motifs in German Literature and Thought*. München 2001, S. 141–166. [Literaturwissenschaftlich interessante Arbeit. Situierung der Novelle im gegenwärtigen Berührungsfeld von Literatur, Philosophie und Theologie. Schwerpunkt der im weiteren religionsgeschichtlich interessierten Untersuchung ist ein Essay über die Prosakunst von *Riverside* aus einer Sicht, die G. Steiner (in *Real Presences*, 1989) eröffnet hat. Kontextkennzeichnung und detailgenaue Interpretation gehören zum Besten, was man über *Riverside* lesen kann.]

Schwab, Hans-Rüdiger: »Die produktive Anverwandlung des Alten. Laudatio auf Patrick Roth – Rauriser Literaturpreis 1992«. In: *Salz. Salzburger Literaturzeitung* 68, Juni 1992, S. 9–11. [Erste Laudatio, *Riverside* als Beispiel für neu erwachtes Interesse am Wunderbaren.]

ders.: »Die biblische Landschaft unserer Seele. Laudatio für Patrick Roth am 26. 3. 1998«. In: Siegfried Meurer (Hg.): *Die Stiftung Bibel und Kultur. 1988–2000. Eine Dokumentation*. Stuttgart 2001, S. 133–138. [Rückgewinnung biblischer Bilder in einer Archäologie unseres Innern, Suspense-Technik im Dienst verwandelnden Schürfens, Zielperspektive: Selbstfindung.]

ders.: »Mythographische Wünschelrutengänge. Der Schriftsteller Patrick Roth und seine neuen Erzählungen *Die Nacht der Zeitlosen*«. In: *Schweizer Monatshefte*, Juli/August 2002, S. 50–53. [Mythographie als zentrale Kategorie für das literarische Werk Patrick Roths.]

Seip, Jörg: »Biblische Rezeption bei Felicitas Hoppe, Ferdinand Schmatz, Patrick Roth«. In: Garhammer/Zelinka 2003, S. 143–160. [Roths Umgang mit der Bibel wird als imitatio scripturae charakterisiert: erfindendes und ergänzendes Weiterschreiben im Rahmen des Wahrscheinlichen zu aktueller Lebensorientierung.]

Steiner, Uwe C.: »*Eine gelungene Anmaßung«? – Die Aura der Reproduktion und die Religion des Medialen bei Walter Benjamin und Patrick Roth*. [Typoskript] [Die anspruchsvoll-klare medientheoretische Arbeit versucht, Benjamins Mediendenken und Roths Erzählungen für die Deutung gegenwärtiger Verflechtung des Medialen und Religiösen nutzbar zu machen – mit Erfolg auch für die (in dieser Hinsicht) theoretisch schwer einzuholende Kunst Roths am Beispiel von *Die Nacht der Zeitlosen*.]

Wimmer, Ruprecht: »Wege aus dem Schattental. Zur Dichtung Patrick Roths«. In: *Konrad-Adenauer-Stiftung, Literaturpreis 2003, Patrick Roth*. S. 13–23. [Die Laudatio bezieht sich auf die *Christus-Trilogie* und *Ins Tal der Schatten*. Interesse, Leseerfahrung und Deutung sind christuszentriert: Das Erkennenwollen von »Autor«, Personen des Textes und Leser« richte sich »auf den Einen Anderen«.]

Winkels, Hubert: »Aus der Mode. Vom Übrigbleiben der Literatur«. In: H. Heckmann/G. Dette (Hg.): *Medium und Maschine. Über das Zeitgemäße der Literatur*, Göttingen 1994, S. 132–137. [Reflexion, wie sich Literatur im »technisch innervierten simultanen Weltraum«, den sie als zeitgemäße nicht ausblenden darf, behaupten kann. *Johnny Shines* als Beispiel streng kalkulierter Überbietung der Medienkonkurrenz.]

ders.: »›No fiction‹ – eine Lobrede auf Patrick Roth«. In: *d.lit.-Literaturpreis der Stadtsparkasse Düsseldorf*, 2002, S. 7–17. [In dieser Lobrede geht es um ›Wirklichkeit‹ und ›Wunder‹, um ›Realität‹, wie sie im Werk Roths in Erscheinung tritt: geprägt von den *kollektiven* Bilderwelten der Religion und des Films, und von der Psychoanalyse, die die Bilder auf ein *individuelles* Drama hin öffne. – Ein wichtiger Diskussionsimpuls, der zur Auseinandersetzung mit sprachphilosophischen Positionen anregt.]

Zwick, Reinhold: »›Alles beginnt im Dunkeln‹. Das Kino und Patrick Roths revelatorische Ästhetik«. In: Garhammer/Zelinka 2003, S. 161–176. [Erhellende Untersuchung der Verschränkung filmischer Gestaltungsweisen mit literarischen Stilmitteln. Es gehe um »Sensibel-Werden für die ›Wirklichkeit der inszenierten Wirklichkeit‹ und ihr existentielles Potential«. – Z. sieht Nähe der Texte zur Kinoästhetik von André Bazin und Paul Schrader.]

3. Interviews

Bednarz, Klaus: »Gespräch mit Patrick Roth. ›Literatur im Römer‹, Frankfurter Buchmesse 1996«. [Typoskript; erschien auch in: *Von Autoren und Büchern. Klaus Bednarz und Gisela Marx im Gespräch mit Schriftstellern*, Hamburg 2001.]

Kluempers, John, UCLA: »Gather at the River. Interview with Patrick Roth«, in: *Focus on Literature*, Vol. 2, No. 1 (1995).

Morgenroth, Matthias: DS Kultur »Das Buch«, Sendung Dezember 1991.

Morgenroth, Matthias/Sprang, Stefan: »Fast Food, Fast Literature, Fast Everything«. In: *Konzepte* 10, Juni 1991.

Schmidt, Dr./Frömmer, Judith: »Interview mit Patrick Roth«. [Typoskript für *Oberpfälzer Nachrichten*, 1996]

Weiss, Rainer: »Der Autor, der aus Kurosawas Regen kam. Ein Gespräch mit Patrick Roth über seine Christusnovelle *Riverside*«. [Typoskript 1992]

Sprach- und Sacherläuterungen

ER, Gott, rief [...] *American Gospel Hymn*: Das dt. Motto ist 9.1–12
ein Zitat aus der biblischen Paradiesgeschichte, das engl. der
Beginn des berühmten Gebetsliedes »Rock of Ages« (1776) von
Augustus Montague Toplady (1740–1778) und Thomas Has-
tings (1784–1872); in der Übersetzung von Ernst Gebhardt
(1832–1899) lautet es folgendermaßen: »Fels des Heils, geöffnet
mir, / birg mich, ew'ger Hort, in dir!« – Das Verstecken *vor* Gott
und das Verstecken *in* Gott zeigt gegensätzliche Ein- und Vorstellungen gegenüber Gott.

Kommt schweren Schritts [...] zu ziehen, eigensinnigerwei- 11.16–20
se.: Der Auftritt der Hauptgestalt vollzieht sich in Bildern, die –
szenisch – Mühsal zeigen (»Last«) und – sprachlich – Erwartung
wecken (»Ernte«).

Männergewand [...] Kleid: Wiederkehrendes Dingsymbol; im 11.25–31
Gegensatz dazu: die Lumpen als Bekleidung.

Andreas *Markus*: Mit der nachdrücklichen Nennung auch sei- 16.8
nes zweiten Namens verteidigt der leicht aufbrausende junge
Mann seinen angegriffenen ersten: Andreas = männlich, tapfer;
Markus = kämpferisch. – Die Eigennamen enthalten oft einen
Schlüssel zu Temperament, Charakter oder Rolle der Person.

vertauschen Gelübde und Lehre: Gemeint ist: ein Gelübde der 17.3
Einsamkeit aufgeben, um eine nötige Lehre zu geben.

Schattenhuscherei mit mir [...] in Jerusalem treibt: Anspielung 19.20–21
auf Apostelgeschichte 5,15 (»Man trug sogar die Kranken auf
die Straßen hinaus und legte sie auf Betten und Matten, damit,
wenn Petrus käme, wenigstens sein Schatten auf einige von ihnen fiele«); ironischer Hinweis auf angebliche Heilungen durch
Überschattung.

Ananias und seinem Weib: Vgl. Apostelgeschichte 5,1, wo Ana- 20.3–4
nias und sein Weib Saphira durch ein Strafwunder getötet werden, als sie versuchen, Geld zu unterschlagen.

einer von euch: In ironischer Form ernster Widerspruch gegen 20.9
Bericht über Judas Iskariot, den Jesusverräter (Matthäus 27,3–
8; Joh 13,27). Vgl. auch »Oder meint ihr ... getan?« (S. 20,19–
22).

22.15–16 **Gott, den die Propheten kannten**: Gemeint ist der strafende und vernichtende Gott des AT (z B. bei Jesaja, Kap. 34).

24.14–16 **Nur weiß ich […] uns Gott bestraft.**: Krankheiten galten als göttliche Bestrafung für Schuld. Diastasimos distanziert sich davon mit Bildern skrupulöser Gewissenserforschung.

28.11 **jene traurigen Tage**: Von den politischen Spannungen zwischen Juden und röm. Behörden, die im Jahre 28 gewaltsam ausbrachen, berichtet der Historiker Josephus Flavius (37–110 n. Chr.) in: *Jüdische Altertumskunde*, Buch 18, Kap. 3,2. – Es ist aber hier ein Gegenwartsbezug mitzudenken: Aus gewalttätigen Unruhen zwischen Juden und Arabern auf dem Tempelberg entstand 1987 die erste Intifada.

28.18 **Herodes**: Herodes der Große (73 v. Chr.–4 v. Chr.), seit 37 v. Chr. Herrscher des jüd. Staates, ließ den Tempel von Jerusalem großzügig umbauen und erweitern.

28.27 **Huldah Tor**: »Huldah« (hebr. chuldah) bedeutet »Maulwurf« und erinnert daran, dass man, um zu den südl. Zugängen des Bereichs des einstigen salomonischen Tempelplatzes zu gelangen, wie ein Maulwurf durch einen unterirdischen Gang hindurch musste. Mit der alttestamentlichen Prophetin Huldah (2. Kön 22,14–20) hat der Name nichts zu tun.

29.14 **Burg Antonia**: Nach dem röm. Feldherrn Marcus Antonius (82 v. Chr.–30 v. Chr.) benannte Burg in Jerusalem, nördl. des Tempelplatzes; zur Zeit Jesu Sitz einer röm. Wachttruppe zur Beobachtung des Tempels. Ob die Burg Ort der Verurteilung Jesu durch Pilatus (Mk 15,16) war, ist ungewiss.

30.3 **das heimliche Herz der Menge**: In dem Einen konzentriert sich für Diastasimos der persönliche und nationale Feind.

32.20 **nicht mit Hiobshaut geboren**: Hiob (im Buch Hiob des AT), gerechter Mann, von vielen Übeln befallen, hadert mit Gott, gibt aber den Glauben an dessen Gerechtigkeit nicht auf. Diastasimos kennzeichnet sich als einen, der das nicht kann und sich darin mit den meisten Toten verbunden fühlt.

35.7–9 **Soll Er nicht […] statt des Fischs?«**: Vgl. Matthäus 7,7–10: »Bittet, so wird euch gegeben; sucht, so werdet ihr finden; klopft an, so wird euch aufgetan. Denn wer bittet, der empfängt; und wer sucht, der findet; und wer anklopft, dem wird aufgetan. Wer von euch Menschen würde, wenn ihn sein Sohn um Brot bittet, ihm einen Stein dafür bieten? oder, wenn er ihn um einen Fisch bittet, ihm eine Schlange dafür bieten?«

Bethphage: Zu Jerusalem gehöriger Ort am Westhang des Ölbergs; Jesus ließ dort einen Esel für den Einzug in Jerusalem holen (Mk 11,1). 38.14

jetzt, in diesem Moment [...] geordnet zu sein.: Die außerordentliche Wirkung von Jesu Gegenwart wird im Sprechen des Diastasimos spürbar; er bekommt momentan eine Ahnung, dass »alles« Sinn hat, dass es Heil gibt. 43.21–29

Und dieser bricht [...] will mich brechen.: Das bildliche Sprechen setzt die Vorstellung einer Mauer voraus, die durch Ausstoßung um den Aussätzigen errichtet wurde und die sich entsprechend im Innern des Kranken gebildet hat. 45.23–25

»Zeig dem, mit dem dus geteilt.: Das weist auf den röm. Soldaten im feindlichen Treffen. 47.23–24

»Zwei sahen aus ihrer Höhle: In diesem Höhlengleichnis, das Diastasimos noch nicht versteht, spricht Jesus von ihm und dem Feind in ihm. Die Höhle im Gleichnis scheint die Hülle um das im Groll gespaltene Ich zu sein. 47.34–35

Strafe einmauern [...] dieser Welt verdammen: Das Sprachbild von S. 45,23–25 ist jetzt für das lieblose Verhalten derer gebraucht, welche den Aussatz als Strafe rechtfertigen und damit die Ausstoßung neu vollziehen. 54.13–16

Johannes vor dem Judas [...] die Füße wusch: Diese als Gerücht überlieferte Episode ist wichtig zur Deutung von Judas' späterem Verhalten. 57.3

»Lasset den, der sucht [...] herrschen über All?«: Apokryphes Jesus-Zitat (aus dem Thomas-Evangelium, Logion 2). 59.2–5

Aber weil der Wunsch [...] so bin ich mit.: Beispiel für weitgespanntes Satzgefüge, das in jeder Phase klar ist. Die vielfach unter- und nebenordnenden Nebensätze halten die komplexen Antriebe und Empfindungen in der Schwebe; im kurzen Hauptsatz folgt die Handlung. 59.24–60.14

»ich seh [...] erinnert sie alle.«: Diese rätselhafte Erklärung bereitet den Hauptmann darauf vor, dass Einer (Christus) an vergessene Sünden erinnert und nicht vergilt, sondern vergibt. 67.23–27

Johannes leugnet abermals [...] ein drittes Mal: Johannes verleugnet nicht wie Petrus (Mattäus 26,70) seinen Herrn; er hält 68.11–12 nur verzweifelt fest an der schlichten Bedeutung von ›verstecken‹, während der Hauptmann nach dem Versteck Jesu in der Knechtsrolle fragt.

68.35–70.17 **da reißt Judas [...] schreitet er zu**: Beispiel für Spannungsaufbau: Die erzählte Zeit (Beginn der Geißelung bis zum Einschreiten des Hauptmanns) ist durch die Erzählzeit (Diastasimos über innere Einsichten des Hauptmanns) mit quälender Wirkung gedehnt – vor der erlösenden Szene.

70.31–72.21 **als springe etwas [...] auch wider Willen.**: Höhepunkt der Damals-Geschichte, mit steigender Begeisterung erzählt: Identifikation – Wendung – Umarmung. Sprachliche Mittel: Satzunterbrechungen, Anakoluthe, Fragen, Wortwiederholungen, »und«-Reihungen mit verkürzten Sätzen, Markierung des Wendepunktes als Ende und Neubeginn: »daß ich ende. Und endete. Aber jetzt, hier, hier [...] hier beginnt alles erst!«

78.9–18 **Und Andreas ging [...] holen dem Vater.**: Höhepunkt der Jetzt-Geschichte. Dreimal das Wort »hoch«, den Sprüngen entsprechend; dreimal »in Händen«, das langsame sinnenvermittelte Begreifen ausdrückend. Fühlen – erinnern – erkennen: zuletzt das entscheidende Wort »Vater«.

78.26 **glänzt**: Das Schlusswort gehört zur umfassenden Licht-Dunkel-Symbolik der Novelle, die das Motiv von Offenbaren und Verbergen begleitet. Es steht an ihren beiden Höhepunkten, in der Wunderszene (S. 72) und der Erkennungsszene: Kennwort für Heil.

LiteraMedia von Suhrkamp und Cornelsen
Literatur rundum erleben

LiteraMedia ist das ideale Arbeitsmittel für literarisch Interessierte, Lehrer, Schüler und Studenten. In dieser Reihe erscheinen bedeutende Werke der Weltliteratur jeweils in drei Medien: als Buchausgabe in der Suhrkamp BasisBibliothek, als Audio Book und als CD-ROM im Cornelsen Verlag.

»Hörbücher und CD-ROMs, wie es sie noch nicht gegeben hat. Hier kann auch noch der Lehrer etwas lernen. Denn zu all den Titeln der Suhrkamp BasisBibliothek gibt es jetzt Hörkassetten – nicht ›nur‹ Lesungen der alt-neuen Texte mit besten Darstellern, sondern auch Stimmen von Autoren. Die zweite Kassette jeder Edition bringt in einem 90-Minuten-Feature Informationen zu Leben, Werk und Wirkungsgeschichte des Autors. Hier profitiert nicht nur der Schüler, der für eine Prüfung büffeln muß, sondern auch der interessierte Leser, der sich nicht in jedem Fall Biographie oder Sekundärliteratur eines Autors beschaffen kann oder will. Ganz neu in dieser Nische der Literatur sind die multimedialen CD-ROMs: Jetzt wird Literatur zur Show, etwa durch Originalaufnahmen bedeutender Theateraufführungen – inklusive Entstehungsgeschichte des Werks, Erklärungen und Interpretation. Ein tolles Angebot.« *Die Zeit*

NF 279/2/11.04

NF 320/1/5.01

Hermann Hesse
Demian
Kommentar: Heribert Kuhn
SBB 16. 220 Seiten

»Heribert Kuhns Kommentar erweist sich als gehaltvolle, fordernde und inspirierende Anleitung zum Verständnis des Romans. Als *die* Leseausgabe für Studierende kann dieser Band daher unbedingt empfohlen werden.«
Literatur in Wissenschaft und Unterricht

Hermann Hesse
Der Steppenwolf
Kommentar: Heribert Kuhn
SBB 12. 306 Seiten

»... Der 50 Seiten umfassende Kommentar allein lohnt die Anschaffung dieses Textes. Er ist auch ideal für eine Klassenlektüre.« *lesenswert*

Rainer Maria Rilke
Die Aufzeichnungen des Malte Laurids Brigge
Kommentar: Hansgeorg Schmidt-Bergmann
SBB 17. 300 Seiten

»Den größten Teil des Kommentars machen jedoch Wort- und Sacherklärungen aus; da sie nicht stichwortartig im Telegrammstil gehalten sind, erklären sie vorzüglich auch komplexe Zusammenhänge.«
Neue Zürcher Zeitung